U0069103

政治家中山泰秀

杉浦美香 著　張茂森 譯

目次

臺灣加油！日本加油！

賴清德

中山泰秀先生出身日本政治世家，其祖父、伯父、父親均曾擔任國會議員，祖母更是日本首位女性內閣大臣。中山泰秀先生懷著爲家族榮譽奮鬥的使命感，憑藉自身的優異特質，以及珍貴的企業經驗，在眾議員、外務副大臣及防衛副大臣任內的優異表現，均有目共睹，是日本當前少壯政治菁英。

二〇一九年五月，我有幸成爲令和時代首位造訪日本的臺灣政治人物，與眾多日本友臺議員交流晤談。當時曾與中山泰秀先生交換意見，其強調臺日均重視自由民主、人權法治等普世價值，主張臺日是命運共同體的夥伴關係，令人印象深刻。

時至今日，我們面對的不只是COVID-19疫情的挑戰，整個世界局勢也面臨著冷戰結束以來的重大轉變。從二〇二二年二月底俄羅斯入侵烏克蘭戰爭爆發以來，地緣政治緊繃，更引發糧食、能源等民生相關危機。臺灣與日本作爲自由民主國家的最前線，面對歐亞大陸的中國與俄羅斯兩大強權，絕無法置身事外。

值此國際政局紛擾之時，有幸拜讀中山泰秀先生作爲政治家闡述自身理念的書籍，其內容在在呼應現階段國際情勢，包括如何保障國家安全、面對超限戰等混合型戰爭的預先準備、乃至於面對網路攻擊等，都提供了值得我們省思的觀點。

臺灣無論在安全、經濟或文化層面，都是日本重要的夥伴。中山泰秀先生長年堅定友臺，無論在防衛副大臣任內或現在，都曾數度爲臺灣挺身發言，所秉持的「臺灣與日本是一家人」理念，更是令人銘感在心。

我在擔任臺南市長期間，也積極促進臺日關係，推展城市外交，促成臺南直飛日本，推廣八田與一、王育德等象徵臺日友好人物的故事，拉近人民間的距離。誠如書中所言，「臺灣和日本在地理位置上有如眼睛和鼻子般靠近。臺灣不只是朋友，臺灣更是兄弟，也是家人。」

期盼臺日關係能如中山泰秀先生所言，越來越像感情融洽的家人，更期盼臺灣與日本在諸多挑戰中攜手向前，突破各種難關。臺灣加油！日本加油！

二〇二二年四月

中山泰秀是誰

張茂森（本書譯者）

二〇二一年六月二十八日，前日本防衛省副大臣中山泰秀在美國智庫「哈得遜研究所」的一場英文演講中提到臺灣和日本的關係說，臺灣和日本在地理位置上，就像眼睛和鼻子那樣靠近，萬一臺灣發生緊急情況，從地緣政治角度來看，美軍駐紮的沖繩和日本都將受到影響，「臺灣不是朋友，而是兄弟，也是家族」。

中山泰秀的發言在很短的時間內立即由路透社、美國彭博社、USNI（United States Naval Institute＝美國海軍協會）Press，以及臺灣的多家媒體轉發報導，而引起極大的共鳴。在此之前，多數日本的政治家在形容臺灣和日本的關係，大都以「命運共同體」或是「自古以來的朋友」加以表現，用「兄弟」和「家族」來形容臺日關係，中山泰秀是第一位。

中山泰秀的發言，的確造成很大的迴響，我也因此對中山泰秀有更進一步認識，在日本從事新聞工作超過四十年中，其實早期也採訪過前建設大臣、郵政大臣中山正暉和前外務大臣中山太郎，但是卻沒有去注意到前者竟是中山泰秀的父親、後者則是他的伯父，甚至他的祖父中山福藏、祖母中山瑪莎都曾擔任過日本的國會議員。

日本國內繼承父親的地盤進入國會，進而成爲政治家的所謂「世襲議員」並不罕見，但是像中山泰秀這樣敢於公開發言挺臺的少壯政治家其實不多，更遑論他是在防衛省副大臣的任內，這是我對中山泰秀感到興趣，也是決心將《政治家中山泰秀》這本書翻成中文的理由之一。

在中文譯稿完成之後，我曾在和中山泰秀的餐敘中更進一步了解中山的理念，

譯者張茂森（右）與中山泰秀（左）會面訪談。

以及他在國防與國際關係上的獨特看法，也針對《政治家中山泰秀》這本書交換一些意見。我特別想知道他以曾作爲防衛省副大臣的身分，對烏俄戰爭有什麼看法，甚至更想知道他對臺灣在中國的威脅下如何因應，以及將來面對D日，美日究竟會秀出什麼行動的觀點爲何。

把介紹中山泰秀的這本書翻譯成中文的另外一個理由是，書中所提到的曾歷任日本外務副大臣、防衛副大臣的中山，以五十歲壯年受命接下兩個前所未有的重大任務，一是在他出任外務副大臣時，突然受命爲伊斯蘭國綁架日本人質處理本部長，二〇一五年一月有兩位日本人遭到ＩＳ伊斯蘭國恐怖份子綁架，當時陪同安倍首相出訪中東的中山泰秀，現地受命處理這起事件，與中東各國關係良好，特別是與約旦國王具有密切交誼的中山，最後雖然沒能成功解救日本人質的性命，但是他每天在現地睡在沙發待命，這種任務之艱難何其壯烈。

另一是他在中國武漢爆發的新冠病毒肆虐全球時，以防衛副大臣的身分又受命爲日本大型疫苗接種的對策本部長。

日本政府在重大災害發生時出動自衛隊進行救災是一種常態，但爲了對日本國民全面施打新冠病毒疫苗而動用自衛隊（所屬醫療單位）則屬於首例，中山受命爲本部長的責任相當重大，最後不但達成任務，甚至還超過預計的接種次數。

在經濟安全保障和情報戰、高科技戰的領域上，中山泰秀的確走在時代的先端，從烏俄戰爭中，號稱世界第二軍事強權的俄羅斯居然被烏克蘭打得落花流水，最主要的理由就是烏克蘭完全掌握並且活用情報戰、網路戰和科技戰，在烏俄戰爭之前，中山就一再強調今日世界的競爭就是情報、科技和網路的競爭。國與國的競爭，情報、科技和網路的運用是否靈光，將決定自己的命運，中山泰秀的前瞻性在烏俄戰爭中完全獲得證明。

在這場大戰裡，中國可能也想用武力奪取臺灣，而讓臺灣再度受到世界關注，對此中山提醒，必須再度確認「加強網路安全才是最要課題」，徹底掌握情報和保持科技的絕對領先是致勝關鍵，他也認爲中國爲了斷絕臺灣的通訊網而首先破壞臺灣海底電纜的可能性極高。

對於中國在烏俄大戰爆發後，對臺灣的野心是會暫時收斂？還是會依樣畫葫蘆學習普丁鋌而走險？中山的看法是，如果拜登從普丁這次侵略烏克蘭戰爭，到最後還是沒有給俄國一個確實而且致命的打擊，「中國很可能會在拜登任期內對臺灣動手」，而這個D日到來時，日本會有什麼行動，中山坦白指出，「美國如果不出手，日本就不可能會有動作」。

中山也特別提及的是，臺灣千萬不能認爲美國有一個臺灣關係法，或者是說臺灣和中國之間隔了一個海峽就覺得一切平安，「像烏克蘭人民一樣強韌的國家防衛意識比什麼都重要」，當然，對美國的利益而言，臺灣比烏克蘭來得重要，在D日到來時，美國如何判斷是一個重點，不過，他也認爲，萬一臺灣落入中國的手中，整個亞洲，特別是東亞，將受到重大影響，「美國應該不會袖手旁觀」。

中山的外交手腕也値得注目，他和以色列有「如同家人」的關係，他指出，四面都被敵人包圍的以色列人民如何團結保衛自己國家的鋼鐵意志，値得臺灣人民學習，如果有需要，他也很樂意幫助促進臺灣和以色列的關係。

日本對中國的態度，中山認爲日本在國際政治上太過於「紳士」，該說的不敢直說，而讓中國步步進逼，予取予求，不只是對中國，對俄國也是一樣，過去日本外務省不敢正面對普丁說北方四島是日本的領土，直到烏俄戰爭普丁落衰的時候，岸田首相終於才公開說出「北方四島是被俄國占領的日本領土」，他認爲不論對中國、俄國，或是其他國家，日本應該挺胸說出自己的主張，這反而才會讓日本在國際社會受到更多重視。

中山泰秀去年在美國智庫「哈得遜研究所」演講會上也指出，「隨著中俄聯手，威脅越來越大，對臺灣的壓力更是日益增加，我們必須認清這個現實，一九七〇年代，包括日本在內，美國以及其他許多國家都容認中國的『一中政策』，但我不知道這到底是不是正確的」，他指出臺灣是「紅線」，「作爲民主主義國家，我們必須守護臺灣」，臺灣和日本在地理位置上有如眼睛和鼻子般靠近，如果臺灣發生緊急情況，美軍駐紮的沖繩和日本都將受到影響。

中山泰秀在二〇二一年秋天的眾院大選中，在戰況最激烈的大阪四區選戰中不幸落馬。在這次選舉中，以大阪爲主要根據地的是日本另一個保守政黨「日本維新會」，他們如秋風掃落葉，讓日本最大保守政黨同時也是執政黨的自民黨在大阪的十七個小選區中全部槓龜，中山也是在這場戰役折損的一員。

目前他被自民黨的政調會長高市早苗延攬爲主管外交和國防領域的特別助理，高市早苗是前首相安倍晉三全力栽培的日本首相「儲君」，高市早苗起用中山，當然是相中他在外交和防衛的專才，以他的政治家系，在不久的將來重返政界也是必然的。

中山表示，政治家在選舉中的起落是兵家常事，目前他暫時離開國會，也離開內閣，但是眞正所接觸的面反而更廣大，視野也更爲寬闊，擅長ＩＴ的中山，也在無人機的領域上和臺灣的科技業界結合，與在無人機科技極爲先進的以色列合作，將來無論對個人、對日本、對臺灣，在經濟上、安保上都會有很大的助益。

這段時間，對中山來說，無疑是一個難得的充電期，我對中山泰秀這位少壯派「前政治家」全神熱衷於包括情報資訊、科學技術與網際網路在內的新世代生存武器的運用完全同感，對於他的理念，以及對於他對日本祖國的熱愛，甚至對臺灣的友善，也感到敬佩，這是我想把這本書譯成中文分享給臺灣朋友的最大動機。

前言

杉浦美香

參選大阪第四選區選舉，當選五次。二〇二一年一月，前海軍陸戰隊太平洋基地政務外交部次長，也是我二十年好友的羅伯特・艾爾德里奇（Robert D. Eldridge），給了我撰寫有關防衛副大臣（相當於國防部副部長）中山泰秀一書的契機。我任職約三十年的產經新聞雖然在沖繩有分社，但當有法院判決或公民投票等全國性新聞時，會派大阪總社的記者到沖繩出差採訪。當時，在大阪總社社會部的我，於沖繩海軍陸戰隊的訓練活動及二〇〇〇年的九州・沖繩首腦高峰會期間經常去沖繩採訪，受到曾任教於大阪大學，致力研究沖繩的羅伯特・艾爾德里奇諸多關照。

羅伯特・艾爾德里奇在《沖繩論——前沖繩海軍陸戰隊幹部的告白》（新潮新書出版）著作中提到了中山。

「自從我加入海軍陸戰隊以來，認識了許多政治家，其中有些人一開始就是爲了吵架而來，或是試圖挑出我的問題發言或口誤的所謂改革派政治家。……我不是很喜歡只會說場面話，但事後毫無行動夸夸其談的政治家。特地來到沖繩還說『作爲政治家學到了很多東西』這種話，無論學到了什麼，或是否有任何疑問，都應該要有所反饋。連這些事都做不到的政治家，我不認爲他能與人建立信任關係。相反，也有些政治家不僅對我傳達的內容有適當的反饋，還會提供建議和機會。」同時也舉出中山當例子。

「他爲人謙遜，有責任感、行動力、想像力。二〇〇九年眾議院選舉中落馬下臺後，他提議成立向日本國民介紹海軍陸戰隊的研修會（海軍陸戰隊基礎講座），當時盛況空前。」

不僅中山，鳩山（由紀夫）政府時期的平野博文官房長官（相當於日本內閣發言人）、東日本大地震時擔任防災副大臣的民主黨東祥三等人也被列舉爲是值得信賴的政治家。

羅伯特・艾爾德里奇在東日本大地震中擔任美軍災難支援「友誼作戰」的協調員，從那時起一直是日本政府和美軍之間的橋樑，但後來因第三者公開了在美軍基地前抗議行動的影片而被迫下臺。因爲了解羅伯特・艾爾德里奇其爲人條理分明、爲了信念直言不諱的個性，因此對於被他如此欣賞的中山產生莫大的興趣。

當我拜訪議員會館內中山的辦公室時，回想起與中山的交集。任職於產經新聞大阪總社時，二〇〇三年，我應美國國務院的邀請出席目的爲加深對美國見聞的美國領袖人才參訪計畫（IVLP），在不同時期的計畫交流上，與中山見過一次面。當時，在美國駐大阪神戶總領事館工作的前京都外國語大學副校長熊谷俊樹，將尚未成爲國會議員的中山介紹給我認識，並稱其爲「有前途的政治家」。雖然不記得具體的談話內容，但我記得當時交換了有關國務院的計畫情報。這眞是不可思議的緣分。

中山對於臺灣、中國等敏感問題，也做出有條不紊的評論。於是我對祖父母、伯父都是國會議員，在政治世家出生長大的中山產生了濃厚興趣，開始著手採訪。

對於接受採訪的理由，中山表示「一直受到了政二代的批評。作爲政治家的父親總是直言不諱，所以也樹立許多敵人。政二代無論好壞，都是背負著十字架，暴露在攻擊之中。網路上對我的誹謗中傷從未消失。我也可能會因爲某件事而早死。因此我想對留下的兒女說，如果因爲父親的事情而感到委屈的話就讀這本書。想留下資訊給他們當武器，讓他們可以活下去。」也要求我要毫無保留地撰寫。

已故祖母瑪莎是前厚生大臣（相當於衛生部長兼勞動部長），也是日本首位女性內閣閣員；已故祖父是從律師轉從政當上議員；父親正暉是前建設大臣；伯父是前外務大臣（相當於外交部長）。本書旨在讓大家了解儘管出身於政治世家的政二代，幾經多次落選經驗後，思考能爲日本做些什麼其後接連當選的中山泰秀此一人物。

本書文中人物爲當時的頭銜，基本上省略敬稱。除了參考文獻中提到的書籍、產經新聞、讀賣新聞、每日新聞等媒體，也參考了網路報導、中山的ＳＮＳ、部落格等。以採訪內容爲基礎，並做了一些補充。作者對本書內容負全部責任。

導讀

在自衛隊所主導之疫苗大規模接種會場前的中山。

首次由自衛隊主導的疫苗最前線

二〇二一年五月二十四日。陸上自衛隊的太陽旗在東京都千代田區的大手町合同廳舍三號館，也就是新冠肺炎疫苗大規模接種會場前隨風飄揚。從一早開始，年長者就一個接一個地進入，這天是自衛隊首次主導的大規模疫苗接種的第一天，電視轉播車及各大媒體記者都圍在入口附近，向年長者詢問接種過程和感想。

每個人從掛號、問診到接種完畢，所需時間如預期大約三十分鐘。接種疫苗後的年長者們臉上都露出放鬆的表情。

在東京會場每天的接種人數為五千人，位於大阪市北區的大阪府立國際會議場的大規模接種會場每天的接種人數為二千五百人。從施打量能來看，東京有一萬人，大阪有五千人。初期作為「試運轉」，先從小規模開始實施。

時任首相的菅義偉當天下午視察完東京會場後，露出安心的神情向記者表示：「自衛隊正有條不紊地進行接種疫苗的工作，我不禁鬆了一口氣。」站在身後的防衛省大規模接種對策本部長，同時也是防衛省副大臣的中山泰秀，聽到國家最高司令菅義偉的一番話後，有了更加努力的決心。

自衛隊爲了實現大規模國民接種疫苗的初次任務，經歷了不少波折。

日本開始實施疫苗接種的時間相較其他已發展國家來得晚。年長者完成第一劑接種的比例還不到1％，在經濟合作暨發展組織（OECD）的三十八個會員國中屬於最低水準。

各市區町村從四月開始依序對六十五歲以上年長者接種疫苗，但預約時問題層出不窮。打不進預約電話，網路預約馬上額滿，由於系統故障而無法預約等，國民不滿的情

在疫苗大規模接種會場內進行最終確認的中山。

緒高漲。即使宣布了第三次的緊急事態宣言，卻不見新增確診人數減少，醫療體系緊繃。延期了一年的二〇二〇東京奧運會．帕運會開幕在即。

國內外對是否舉辦東京奧運會的質疑聲不斷，與新冠肺炎病毒的戰役仍看不到終點，此時疫苗接種成了唯一的希望。放眼世界，逾半數人口已施打疫苗的以色列和美國等國家，新增感染人數正在減少，生活限制也逐漸階段性放寬。

彷彿站在懸崖上的日本必須靠「最後的堡壘」（岸信夫防衛大臣言）——自衛隊的疫苗大規模疫苗接種中心來突破現狀。

第二次擔任本部長

據產經新聞（五月十七日早報）報導，一月下旬收到菅首相的特別命令後，組織了以杉田和博官房副長官爲首，來自防衛省、厚生勞動省、總務省等約十人的團隊。其意圖是希望藉由「動員專家」的自衛隊領頭示範，帶動地方政府設立大型接種會場。經過檯面下的討論，在三月中旬確定了大型接種中心的形態。

菅首相於四月十二日的眾議院結算行政監督委員會上首次公開此想法。他在回答質詢時說：「我想請自衛隊負責疫苗接種。」

放眼世界，作爲新型冠狀病毒疫苗接種優等生的以色列，面對反以色列的阿拉伯國家，時時刻刻處於緊急狀態。軍方也投入了包括疫苗接種的應對新冠病毒工作。美國在部分州也投入軍隊支援。

岸防衛大臣在四月二十七日內閣會議後的記者招待會上，宣布了菅首相已下達設立大型接種中心的指令。這一天，防衛省召開了相關人員會議，成立了由中山擔任本部長的「大規模接種對策本部」，並以五月二十四日在東京開設大型接種中心爲目標，迅速地展開準備。同時也討論了以大阪府爲中心的地區支援問題。

中山的腦海裡浮現一段回憶。

二〇一五年，於中東發生伊斯蘭極端組織「伊斯蘭國」（ＩＳ）挾持日本人質事件時，奉當時的首相安倍晉三之命，中山被任命爲約旦當地對策本部的本部長。「這是我這輩子第二次當本部長。遺憾的是在挾持事件時犧牲了人質的性命。這一次，大家會睜大眼睛看我如何把大型接種中心辦好，絕不允許失敗。」

裝滿子彈，射擊吧！

在此之前，自衛隊也支援了應對新型冠狀病毒的工作。讓全世界意識到新型冠狀病毒威脅的大型郵輪「鑽石公主號」，以及北海道・旭川、大阪、沖繩・宮古島等地，因醫療人員不足，爲防止感染擴散，基於災害派遣對策原則，派出了自衛隊的醫官和護士前往支援。

不過，這次的接種疫苗並非災害派遣，而是屬於自衛隊中央醫院工作的一環。

岸防衛大臣在四月二十七日舉行的記者招待會上，被記者問及法律依據時表示：「防衛

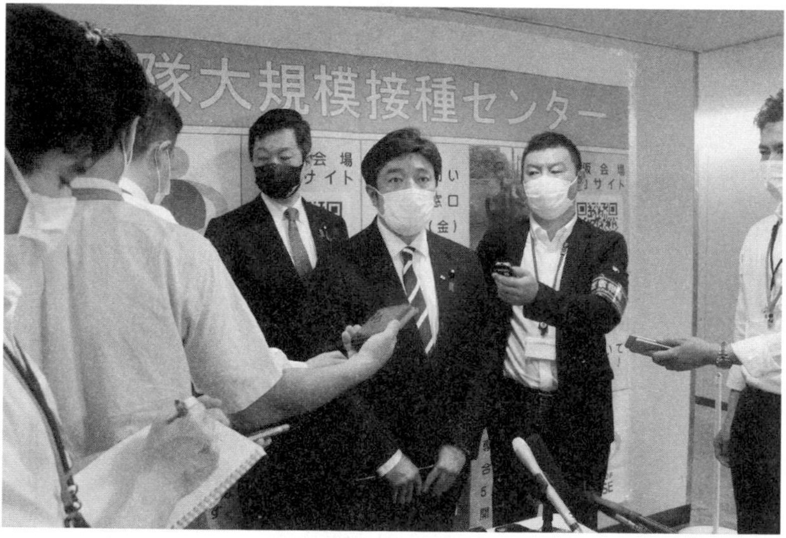

在疫苗大規模接種會場內接受媒體採訪的中山。

省經營著自衛隊中央醫院等各級醫院。根據《自衛隊法》第二十七條第一項及《自衛隊法》第四十六條第三項之規定，在不影響隊員、隊員的家屬及被撫養者等診療的前提下，防衛大臣可以下達對其他人進行診療的命令。因此，新型冠狀病毒疫苗接種是自衛隊中央醫院應履行的職責之一。」

這是首次運用此法規建立的作業模式。在東京、大阪投入的醫官約八十人，護士約兩百人，並有大約兩百名民間護士常駐。但是在第一次任務中，不僅在野黨，也受到各方的批評和指教。

「自衛隊不是便利商店。」

「爲什麼只有東京和大阪由國家主導？這難道不是爲了即將到來的東京都議會議員選舉（七月四日）作秀嗎？」

「在宣布緊急事態的情況下，設立大型接種中心本身不就是在擴散感染嗎？」

「沖繩、釣魚臺、臺灣海峽等發生緊急情況時能應付嗎？」

「不會影響其他災害應變嗎？」

像這樣被質疑出發點，連實施當初只接受網路預約一事也受到批評。此外，由於未與地方的預約系統連動，因此無法排除重複預約；一旦輸入錯誤會跳回上一頁而無法繼續；即使輸入的號碼與地方政府發行的接種序號不同也能預約等漏洞百出。與刻意輸入虛假（接種）序號測試的媒體間也產生矛盾。

另一方面，自衛隊透過一次又一次的模擬演練，直到最後一刻都在確認細節。

「已經做好了萬全的準備。自衛隊時時處於備戰狀態。即使這是一個從未執行過的任務，也會爲了成功做好準備。我會盡最大努力不失誤。無論發生什麼事情，我都會彎著腰應對。」

他接著說明：「首相下達的指令是『裝滿子彈（疫苗），射擊吧！』這樣極其簡單的任務。」

菅首相的指令奏效了。隨著自衛隊的示範，愛知縣、群馬縣、宮城縣等其他地方政府也紛紛設置了大型疫苗接種中心。爲了實現菅首相所提出，在七月底前達成每天百萬人次年長者接種的目標，日本全面實施疫苗接種。

第一章

與伊斯蘭國之戰

在約旦大使館前被媒體包圍的中山（照片由路透社/Aflo提供）。

外訪最終日的一通電話

二〇一五年一月二十日。在以色列的耶路撒冷，這天是安倍內閣首次訪問中東爲期五天的最後一天。對中山來說，以色列是一個有著特殊情懷的國家。他身爲日以友好議員聯盟的事務局長（現任幹事長），親自帶領首相導覽與父子兩代有著深厚淵源的以色列，是中山就任外務副大臣前的心願。

早上六點三十分左右一通電話響起，當時，中山在日本政府代表團下榻的「大衛城堡飯店」房間內做準備工作。接起電話，話筒的另一端是安倍首相本人。

「抱歉，現在可以來我房間一趟嗎。」

中山立刻趕到首相住的九樓套房的會議室，看見表情十分嚴肅的安倍首相和世耕弘成官房副長官。

「看看這個。」

安倍指向平板電腦螢幕的靜止畫面，畫面中，兩名面貌像日本人的男子身穿橘色衣服，背著手跪在沙漠中，兩人之間還站著一個只露出眼睛的黑衣男子。

這是極端組織伊斯蘭國（ＩＳ）透過影音分享網站「YouTube」向全世界發布的影片中的一個畫面。

這則公開的影片以ＮＨＫ電視臺報導首相此次外訪的國際新聞爲開端，轉換到首相在埃及開羅演說時的畫面。接著，畫面上出現以英文書寫「給日本政府及國民的訊息」的標題。在身穿橘色衣服的男性上加了「KENJI GOTO JOGO」、「HARUNA YUKAWA」的字幕。

黑衣男子用英國口音的英語說：「致日本首相。日本距離伊斯蘭國八千五百多公里，卻挺身參與了這場聖戰。爲了殺害我們的婦女和兒童、破壞伊斯蘭教徒的家園，你們慷慨地捐了一億美元。因此，要釋放這個日本男人需要一億美元。除此之外，爲了防止伊斯蘭國的擴大，爲了訓練

畫面為被當作人質的後藤與湯川。（照片由路透社/Aflo提供。）

對抗伊斯蘭戰士的叛教者，你們又捐了一億美元。因此，需要再付一億美元才能釋放另一個男人。」黑衣男子接著說：「致日本國民。日本政府爲了對抗伊斯蘭國做了愚蠢的決定。政府要在七十二小時內做出明智的決定，支付兩億美元來解救兩人的生命。否則，這把刀將成爲你們的噩夢。」

房間內瀰漫著沉重的氣氛。首相原訂當天在結束國際記者招待會後，前往約旦河西岸的巴勒斯坦自治區與阿巴斯主席談話。在兩位首腦的記者招待會後，即會返回耶路撒冷，並於當晚回國。

「派中山外務副大臣到約旦擔任當地對策本部長如何？」世耕官房副長官向首相提議。

「好主意。我們回到日本應對，希望你能在約旦作爲當地對策本部長收集情報並分析、應對。」

「明白了。」

中山回到房間開始打包行李。

「這將會是一場持久戰。」

此想法浮現於腦海。

安倍首相演說中所提的兩億美金援助

提倡「俯瞰地球儀外交」的安倍首相訪問中東之行始於十六日的埃及開羅。成爲問題的是安倍隔天十七日早上於「日本．埃及經濟聯合委員會會議」的演說。

「易卜拉欣．馬赫萊卜總統、日埃經濟聯合委員會的各位、在座的各位。Assalam alaikum jameean（各位平安，問好之意）。

這次能到訪擁有悠久歷史和文明的埃及，我非常高興。這是日本在過去兩年內第五次訪問中東，也表明了日本對此地區的重視與尊敬。」

演說以阿拉伯語的問候開始，並表態「日本政府將向整個中東地區，在人道救助和基礎建設等非軍事領域上提供約二十五億美元的援助。」此外，也將提供日圓借款以維修埃及國際機場及電力網，針對地鐵、再生能源等領域提供技術合作，也透露了對即將到訪的約旦及巴勒斯坦的援助。同時，「爲了阻止ＩＳＩＬ（ＩＳ別稱）帶來的威脅，會援助伊拉克和敘利亞的難民，以及對土耳其、黎巴嫩提供支援。我保證向與ＩＳＩＬ抗爭的各鄰國提供總金額約兩億美元的援助，運用於人力開發、基礎設施建設上。」此次重要演說堪稱是中東之行的重頭戲，以經濟界人士爲中心，約三百五十人雲集的會場內頓時響起一片熱烈的掌聲。

同一時間，中山參加了在阿拉伯聯合大公國（ＵＡＥ）召開的國際可再生能源機構（IRENA）第五次總會，與經濟產業大臣（相當於經濟部長）宮澤洋一共同擔任主席。

中山在首相抵達以色列的前一天先到耶路撒冷，在機場迎接了安倍首相伉儷。

十九日，安倍首相參訪保存有第二次世界大戰時猶太人被納粹德國大屠殺紀錄的國立博物館「Yad Vashem」（以色列猶太大屠殺紀念館），並在「記憶的殿堂」獻花。

「我認爲歧視特定民族，並視其爲憎惡的對象，會使人類變得如此殘忍。去年三月，我參觀了阿姆斯特丹的安妮之家。而今天我再次確認了我的決心。HASSHOA LEORAMU LO ODDO（希伯來文發音，絕不重蹈大屠殺的覆轍）。我們應該把以色列猶太大屠殺紀念館內的長明火當作指引燈，繼續努力實現沒有歧視和戰爭，人權得到保護的世界。日本下定決心爲世界的和平與安定做出更積極的貢獻。」

中山憶起至今猶太民族經歷的悲慘歷史，並因日本首相伉儷能一同參加傳達此歷史的活動，內心感到相當激動。

然而，事態急轉直下。

不與恐怖份子談判的政策

日本政府的方針是，堅決不與恐怖份子協商，不屈服於要求贖金的恐怖活動。

影片公開後，安倍首相在耶路撒冷舉行的國際記者招待會上表示：「把人命當擋箭牌來威脅是不可饒恕的恐怖行爲，對此我深感憤怒。我強烈要求立即釋放兩名日本人，不要傷害他們。我已向政府全體下達從尊重生命的角度出發，盡全力應對的指示。今後也將與國際社會合作，爲地區和平與穩定做出進一步貢獻。此方針堅定不移，不會改變。」並說：「我會緊急派遣同行的中山外務副大臣到約旦，與約旦政府合作，收集情報，在現場作爲當地對策本部的負責人應對……無論任何理由都無法容忍卑劣的恐怖攻擊，堅決譴責。日本會與國際社會攜手共度難關。」並強調：「伊斯蘭社會將會持續打擊對國際社會造成重大威脅的過激主義。」針對兩億美元的援助，安倍首相也表示：「這是給失去家園或成了難民的人提供糧食及醫療服務的人道救助。我認爲這是難民現在最需要的援助……日本今後會在非軍事領域積極提供支援。」

另一方面，中山並未出席記者會，而是乘坐民航機飛往約旦安曼，並在飛機上看了首相的記者招待會原稿。

中山說：「被託付本部長的重責與其說緊張，應付好眼前的事應該才是最重要的。從某種意義上來說，政治家就像廚師，憑藉自己的好手藝處理既有食材。」

官房長官菅義偉在二十一日上午的記者會上表示，被俘虜的日本人是湯川遙菜和後藤健二。湯川於二〇一四年八月左右於敘利亞失蹤。後藤也於同年十月底在敘利亞失聯。駐敘利亞大使館因敘利亞治安惡化於二〇一二年撤離至鄰國約旦，湯川失蹤後成立了由駐敘利亞臨時代理大使爲主的對策本部。該本部後來升級爲當地對策本部。中山作爲當地對策本部長，將與從附近大使館趕來的職員一起收集情報。

當地對策本部引進輪班制

中山的第一個任務是在前往設立於日本駐約旦大使館內的當地對策本部之前，先去王宮會見王宮府國王室長哈桑。親日派的阿卜杜拉國王已與安倍首相通過電話並承諾會全力協助救出日本人質。隔天，二十一日，中山再次前往王宮，與阿卜杜拉國王會談。日本政府陷入前所未有的海外恐怖份子俘虜日本人的局面。

外務省透過「來自日本的訊息」以英日雙語聲明：「安倍首相此次中東訪問是爲了傳達日本將積極爲中東地區的穩定做出貢獻，日本宣布的兩億美元援助是用於人道救助和基礎建設等非軍事領域上。無論如何，我國都不會向恐怖主義屈服，將繼續爲國際社會打擊恐怖主義盡一份力，日本的立場不會改變。」重申兩億美元（當時報導爲兩百三十多億日圓）並非直接援助反恐的軍事行動。

當地對策本部二十四小時運作。ＩＳ提出的最後期限即將到來，與日本也有時差，隨時可能有事發生。因此中山向當地對策本部提議實行輪班制，因爲若看到身爲本部長的中山埋首於工作，部下很難回家。如果不好好休息，注意力也難以集中而影響任務。

「你們應該有打過工吧。請做一張輪班表，該回家的時候就回去休息吧，家人也會擔心的。」

中山下了這樣的指示，也在輪班表上將自己的名字列入；雖然無人能取代中山，但這是爲了確立輪班體制。

在當地對策本部有數十名工作人員，對策本部旁的房間只有兩張床；職員們多次建議中山到床上休息，但中山從未這樣做過。

「一旦我躺過，職員就會顧慮那是給身爲副大臣的我隨時休息的床而不敢使用。」因此，無論職員怎麼勸說，中山從未在床上躺過，僅躺在並排的椅子上休息。

爲諜報活動流血

警察廳的TRT－2（國際恐怖主義緊急部署小組）也被派至當地對策本部。中山在不影響警察廳此前與治安・情報機構建立的關係之下，著手收集情報。

之後，從約旦公共情報處（GID）得知了令人震驚的事實。

「在尋找日本人質下落的任務中，有情報員受傷了。」

阿卜杜拉國王曾對日本人遭俘虜一事表示：「爲了讓日本人質平安獲釋，我方願盡所能收集情報，全面配合。」

「爲了他國國民不惜流血收集情報。爲什麼約旦會爲日本人做這些事情呢？阿卜杜拉國王說：『日本和約旦就是一家人。我們的血就是日本人的血，日本人的血也是我們的血。』

同時命令GID將此事視同本國國民一樣看待。如果立場反過來的話，日本是否也會這樣做？我的內心充滿感激和歉意。」

諜報行動如一般認知，有受傷的風險。如果不做出相應的犧牲，就無法得到情報。

事態這時起了變化。

在IS最初的影片中所規定的「七十二小時」期限後又過了一天半後的二十四日，IS公開了殺害湯川的影片。

影片中，後藤手舉著疑似湯川遺體的照片說「（IS）已經不想要錢了。」並要求釋放被約旦當成恐怖份子囚禁的死刑犯薩吉達·阿爾·里莎威。

「我想再次強調，要拯救我的生命是多麼容易的事。希望這不會成爲我的遺言，請安倍首相不要見死不救。」

後藤表示，如果不滿足此要求，自己有可能被殺害。

阿卜杜拉國王處境艱難。國家的英雄人物——飛行員莫爾斯·卡薩斯貝中尉也遭IS俘虜，該死囚是換取釋放卡薩斯貝中尉的籌碼，如今卡薩斯貝和日本人被放在天平兩端上，陷入兩難。就連營救卡薩斯貝中尉都舉步維艱，這時又加上解救日本人質的問題。事後才得知，卡薩斯貝中尉早在一月時就已被ＩＳ殺害。

中山非常理解約旦政府的立場。面對蜂擁而至的記者，他說：「救出飛行員也是我們的任務。爲了讓兩人能平安回來，約旦和日本將齊心協力。」

當地媒體報導著「約旦政府有意釋放死囚」，情報紛雜。

二十七日，後藤手舉著疑似卡薩斯貝中尉的照片說「只剩二十四小時」的影片被公開了。

緋紅的夕陽

這段期間中山若非直接住在當地對策本部，就是回到飯店梳洗後又馬上被召回。中山指示要與首相官邸的官邸對策室及外務省的緊急應變本部保持密切聯繫。不是在發生事情以後，而是事態緊急時每隔十分鐘、毫無動靜時每隔一小時透過熱線回報。

一月三十一日傍晚，當中山在通往大使館盥洗室的走廊上望向窗外時，眼前是被即將下山的太陽染成的緋紅天空，由於景色過於美麗，不由自主地被迷住。但這片美景卻讓中山有了不祥的預感。

「預感不會成眞就好了……」

可惜事與願違。

二月一日，事件迎來了最壞的結果。疑似後藤遭殺害的影片被公開，後藤跪在地上，身旁站了一名持刀的黑衣男子。

「我要告訴日本政府。日本與加入邪惡志願者聯盟的愚蠢同盟國一樣，沒有理解我們是阿拉神之下具有權威和力量的伊斯蘭繼承者『哈里發國』(Caliph)。我們的全部軍隊都飢渴著要喝你們的血。安倍（首相）啊。由於你魯莽決定參加一場贏不了的戰爭，這把刀不僅要用來殺健二，今後無論你的國民身處何處都會被殺。日本的噩夢才正要開始。」

男子用英語說完後，繞到後藤身後，拿刀揮向閉上雙眼的後藤的脖子，下一秒立刻切換到疑似屍體的靜止畫面。

卡薩斯貝中尉之死與送上勝利的護身符

二月四日（當地時間三日），伊斯蘭國（ＩＳ）公開了卡薩斯貝中尉被殺的影片。影片中，卡薩斯貝中尉正在說明對ＩＳ聯盟軍進行空襲的戰鬥機機種和作戰內容的畫面，與空襲中被燒死的人們的畫面重疊在一起。畫面一轉，公開了約旦軍其他飛行員的姓名和照片、住家的衛星照片等，並鼓勵殺戮「將提供獎金給殺十字軍飛行員的人」。之後是卡薩斯貝中尉至今執行攻擊任務的受訪畫面，最後是被關在囚籠中的卡薩斯貝中尉，他身上似乎被澆上汽油，點火後，囚籠瞬間被火焰吞噬。之後燒得焦黑的屍體連同鐵籠一起以重機掩埋，喪心病狂極度殘忍。

這段影片是在阿卜杜拉國王訪美時公開，國王匆匆地提前結束訪美行程回國。中山接到來自約旦政府的電話。「請在四十分鐘內前來會見國王。」這是中山作爲當地對策本部長進入約旦後第二次與國王會談。

在約旦電視臺拍攝完開場後，國王深深地望向中山的眼睛說：「能不能直接用英語交談？」

「您請說。」

「今天早上根據伊斯蘭法，已處決了兩名恐怖份子。」

中山倒抽了一口氣，只能點了點頭。

「我們現在要與伊斯蘭國開戰。」

國王如此斷言。在觸手可及的距離間，能感受到國王內心的熊熊怒火。

中山緩慢地掏出了放在西裝內側口袋的護身符。

「如果要打仗的話，請務必要取得勝利。我想獻上當我在競選時絕不離身的、將軍的護身符。」

同席的約旦及日本外務省的幹部們屏住了呼吸。

和約旦國王見面的中山。

中山拿出的護身符是「德川家的菩提寺」東京增上寺的黑本尊護身符，黑底葵花家徽上繡有「勝運」字樣。

「將軍？德川的嗎？」國王問道。

「是的。」

「有了這個幸運物（護身符），我一定會戰勝（ＩＳ）！」

從中山的角度可看見陪同國王的納賽爾．朱達外務大臣晶瑩的淚珠從眼角滑落，那是男兒淚。

國王倏然起身，推開眼前的門，身穿迷彩服的綜合參謀幹部們早已蓄勢待發。「你們看，這是中山外務副大臣給我的將軍的幸運物。我們一定會戰勝（ＩＳ）！」

「噢！」

聽完國王的話，參謀們的吶喊聲和掌聲迴盪在房間內。

對官員來說，將佛寺的護身符交給一神論的伊斯蘭教徒的國王，是不被允許也未曾預期的行爲。

某種意義上來說，選舉對政治家來說即是「戰爭」。落選的話就不再是政治家，中山對競選總是抱持著「上戰場」的想法，將護身符放在西裝胸前的口袋不離身。或許這樣的想法確實傳達給國王吧，總之這是計劃之外的行動。

在場的官員們都屏息以待地看著伊斯蘭教國王會如何回應，若沒有處理好可能就會成為外交問題。但是國王率先回問「是不是德川的東西」，並接受了中山的好意，讓凝重的氣氛得以緩解，也讓朱達外務大臣流下眼淚。

卡薩斯貝中尉之死被利用

後來證實，殺害卡薩斯貝中尉的影片雖然是在當地時間二月三日公開，其實他早在一個月前的一月三日就已遇害。前一年的十二月二十四日，中尉在敘利亞北部拉卡對ＩＳ的軍事行動中，因戰鬥機引擎失靈墜機而遭到俘虜。也就是說，在短短的十天內就慘遭殺害。

不管怎麼說，ＩＳ把解救後藤的條件從兩億美元贖金換成釋放死囚犯里莎威，都是在愚弄約旦及日本政府。

中山指責：「ＩＳ從一開始就沒有打算要協商。他們的目的是把日本和約旦放在同一個天平上，引發國民反感，企圖削弱約旦政府和國王的領導基礎。」

ＩＳ製作的影片相當有好萊塢電影的水準，是以遊戲軟體爲範本製作的。使用多臺相機拍攝、穿插音效和新聞影像、模擬圖等，耗時又花錢。又偏偏選在親美派的阿卜杜拉國王訪美的時間點公開影片。

實際上，自從卡薩斯貝中尉被殺害的影片公開後，約旦國內對政府的批評聲浪高漲。約旦政府立刻對里莎威和另一名死囚犯執行死刑，並且重啓因卡薩斯貝中尉被俘而中斷的對ＩＳ的攻擊，連日發動空襲。正如阿卜杜拉國王對中山所言，與ＩＳ的戰爭開始了。

ＩＳ與從前的恐怖組織有很大區別。根據日本公安調查廳發表的「國際恐怖主義手冊二〇二〇」，「伊斯蘭國」被定義爲「伊拉克．黎巴嫩的伊斯蘭國（ＩＳＩＬ／The Islamic State of Iraq and the Levant）。以伊拉克及敘利亞爲活動據點的遜尼派極端組織。自稱『哈里發國』，對兩國政府和什葉派等非遜尼派的宗派、宗教居民實施恐怖攻擊。」

與對美國發動九一一攻擊事件的世界恐怖組織之一的蓋達組織不同，是充分利用網路的新型恐怖份子。蓋達組織劫持的飛機衝撞美國紐約世貿中心，使世界陷入恐慌。ＩＳ除了用傳統的直接攻擊和自殺式爆炸攻擊，同時也在網路上公開殘忍的處決畫面，恐怖主義（Terrorism）如字面之意將恐怖（Terror）籠罩全世界。此次充分發揮其效力，製造混亂並動搖了約旦和日本。不僅引起恐懼，也成了ＩＳ在世界各國招募新成員的手段。

中山對此批評：「假新聞太多，媒體報導的內容與現實有很大出入。」

結果與驗證

二月六日，中山結束為期十七天的當地對策本部長任務，回到日本。雖然以日本人質被殺的慘痛結局告終，但也同時暴露了日本在反恐對策上的問題。

日本政府成立了應對恐怖主義的驗證委員會，於二〇一五年五月二十一日發表驗證報告。

以下為摘錄。

先是就當地對策本部設置在約旦一事，驗證報告列舉「八月份湯川失蹤事件發生後，立刻於約旦大使館內的駐敘利亞大使館臨時辦公室設立了當地對策本部，持續追蹤後續，約旦亦是該地區的情報中心，在時間緊迫的情況下獲得約旦政府的密切協助。」說明此對策爲「恰當的」。

其實中山當初也對當地對策本部未設在土耳其一事表示疑慮。客觀上來看，土耳其歷來以親日形象廣爲人知。一八九〇年在和歌山縣海岸遇難的土耳其軍艦埃爾圖爾號船員被當地居民救出。一九八五年土耳其出動專機，營救出約兩百名兩伊戰爭時因遭攻擊被困在伊朗首都德黑蘭的日本人。

不僅如此，土耳其還有高級情報機構「國家情報局（MIT）」。然而，土耳其位於伊拉克北部的領事館，在前一年的二〇一四年六月遭受IS攻擊，領事館人員、外交官及其家屬等四十九人被IS俘虜。三個月後的九月，全員被釋放。當時，當地報導「土耳其向IS支付贖金，並送還戰俘」、「向IS提供武器和醫療用品」等，使日本要在土耳其設立當地對策本部變得困難。

情報收集與分析是否充分?

報告指出「在中東地區，有勢力的酋長及宗教領導人具備的影響力對人際網非常重要。

關鍵在於平時就應努力與這些人建立良好關係，我們必須加強建置必要體系。」「日本政府如何收集情報，可見一斑」。並指出「透過駐外公館，獲得來自約旦、土耳其以及擁有分析影像、聲音先進技術的西方國家相關機構提供的情報，情報的質或量都具有高水準。」

在「與專家研討方面的意見及課題」一項中指出，「欣慰的是，警察單位和外務省的合作比從前更順利，最大的因素是在影片公開後，派遣中山外務副大臣擔任當地對策本部長，使彼此合作能圓融進行。我們應該努力讓當地的相關部門在任何情況下都能緊密合作。」

中山的努力在報告中得到肯定。

情報的重要性

報告中意識到情報屬於個人，光靠組織不見得能獲得。而且越敏感的情報，越需要判斷可以從誰的手中獲得。

驗證報告最後總結「專家認爲，雖然最後犧牲了兩名人質的性命，但事件本身就是艱難的任務，政府也未做出錯誤的判斷導致失去解救人質機會的可能性」。也表示「爲了不讓悲劇重演，應活用驗證後得到的教訓，並持續改善政府的政策及應對措施」。約旦的當地對策本部得到了已盡力而爲的正面評價。

開啓情報圈

因爲日本政府主張「不與恐怖份子談判」，使得日本政府沒有行爲能力處理。在這樣的情況下，中山動用了自己的人脈。

當時日本大使館曾收到各種情報，在氾濫的假消息中，也有極可能值得信賴的情報。有個從約旦越境向戰鬥中的ＩＳ士兵提供糧食的男子聲稱「看見了疑似被俘虜的日本人質」，對方要求給予對等報酬才願意提供更詳細的情報。該男子持有敘利亞用和約旦用的兩臺手機，雖然想透過手機號碼來分辨情報眞僞，但因爲是海外手機，日本的調查機構無法辨識。之後中山靠自己的人脈向中東情報機構尋求協助卻遭到拒絕，後來又透過不同管道終於確認情報的眞實性。可惜那名男子等得不耐煩，最終失去聯繫。

中山意識到「賭上性命的情報，靠打人情牌是無法獲得的」。

「耗上體力、金錢、冒著生命危險取得的情報，會對不願付錢、不願流血的他國無償提供嗎？」

中山回國後，接到各國大使館情報官的聯繫，也獲海外的情報相關座談會邀請擔任演講嘉賓。

「感覺像是打開了情報圈的大門。一直以來我都提高警覺，若發生大型恐怖攻擊事件，盡可能到當地視察。因爲有些東西只有到現場才能知道。身爲一個政治家，我擁有外交及防衛的層（layer），現在又增加了情報層。」

第二章
網路安全（Cyber Security）

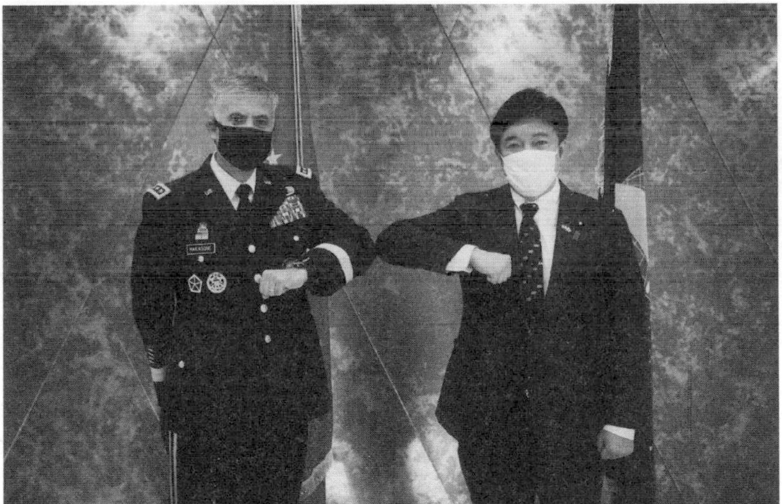

訪美時，與美國網戰司令部司令仲宗根合影。

身爲防衛副大臣的中山泰秀認爲，在諸多課題中，網路安全和經濟安全保障問題最爲重要。綁架並殺害日本人的極端組織伊斯蘭國（ＩＳ）就是善用了網路平臺。

輸油管被駭

二〇二一年五月，負責美國南部到東部近九千公里長的輸油管道營運商殖民管道公司（Colonial Pipeline）遭駭客攻擊，導致汽油、柴油供應中斷的事件仍歷歷在目。此次網路攻擊造成汽油短缺，許多加油站無法供應汽油，對經濟和市民的日常生活造成巨大影響。美國聯邦調查局（ＦＢＩ）認爲，這是俄羅斯駭客組織「黑暗勢力」（DarkSide）所爲。他們似乎使用了要求贖金型的勒索病毒。

美國的檢調機關表示，這是沒有國家介入的「網路犯罪」。但是，這種跨國的網路攻擊不僅攻擊「人民」，同時也在攻擊國家的基礎設施。

陸、海、空、宇宙以外，第五個戰爭領域即是網路。對勒索病毒相當不滿的美國總統拜登，於七月九日與俄羅斯總統普丁通電話時要求俄羅斯應打擊其國內的駭客，並表示不惜採取必要措施。另外，也祭出一千萬美元的獎金，懸賞有關國外惡意網路攻擊的線索。

網路犯罪、網路攻擊、網路間諜活動（cyber espionage）、網路恐怖主義。中國與北韓、日本，美國與俄羅斯，以色列與阿拉伯國家。現實生活中的地理關係也反映在網路世界。

攻擊與日俱增

以下根據總務省等資料，介紹最近的網路攻擊案例。

二〇一五年六月，日本年金機構職員使用的電腦遭到惡意軟體感染，近一百二十五萬筆年金加入者的個資外洩。同年十一月，東京奧運組織委員會的網站受到DDoS攻擊（令網路伺服器或網站負載超過負荷導致癱瘓），使得網站無法瀏覽。二〇一七年五月，因遭受被稱爲「Wanna Cry」（意譯「讓人想哭」）的勒索贖金型病毒攻擊，國內的企業、行政機構、醫院，甚至國外也傳出系統癱瘓等災情。二〇一八年一月，Coincheck公司的加密資產（虛擬貨幣）遭到非法登入被匯出至外部。二〇二〇年三菱電機和NEC也疑似遭到非法登入，導致與國防相關信息外洩。數位錢包服務的「Docomo帳戶」上的銀行帳號、密碼外流，造成存款被盜領。

受新型冠狀病毒疫情蔓延的影響，隨著遠距辦公、技術數位化、數位化轉型（DX）的推動，全世界的網路攻擊案件也更加猖獗。

網路戰的實例

在《網路戰爭論——國家安全的現在》（原文：サイバー戦争論　ナショナルセキュリティの現在，伊東寬著，原書房出版）和《網路攻擊的實態與防禦》（原文：サイバー攻撃の実態と防衛，二十一世紀政策研究所出版）中也有介紹。

波羅的海三國之一的愛沙尼亞是數位化發展程度極高的國家，在二〇〇七年四月，因網路流量暴增，導致銀行、報紙、政府機構等系統癱瘓。也就是遭受到所謂的DDoS攻擊，嫌犯至今身分未明。

肇端或許是網路攻擊的前一天，位於愛沙尼亞首都塔林市中心，參與二戰的前蘇聯士兵雕像被拆除。反對此事的俄羅斯裔居民與警察發生衝突，而後網路攻擊持續約三週。

同樣的DDoS攻擊，美韓曾在二〇〇九年發生；圍繞著釣魚臺爭議的日本，則是在二

○一○年，也受到攻擊。

結合網路的「組合式攻擊」已成爲現實。

二○○七年九月，以色列空軍轟炸了敘利亞一處設施，據說該設施是北韓協助開發的核反應爐。敘利亞的防空系統未能探測到以色列的空軍飛機。當時以色列空軍並未使用隱形轟炸機，而是以F－15和F－16空襲。據悉，以色列使用了類似英國BAE系統公司開發的航空網路攻擊．詐騙系統（SUTER）。

SUTER可以安裝在無人機裡，接近目標並入侵敵方的無線通訊網路，使飛機無法被察覺或虛設目標干擾行動。

二○○八年八月，圍繞在喬治亞內的南奧塞提亞共和國的親俄派獨立問題，引發了俄羅斯與喬治亞之間的戰爭。伴隨著俄羅斯軍隊的攻擊行動，對喬治亞總統府、議會、國防部、媒體等進行了DDoS攻擊，當時兩國的網軍之間也爆發了「網路戰爭」。網軍不是軍人，而是愛國的民間人士，透過網路攻擊也參與了戰爭。

二〇一〇年六月，一種叫Stuxnet的病毒被發現。即使是沒有連接網路的封閉式作業系統，一旦插上ＵＳＢ就會被病毒感染。此病毒的最大特點是，感染病毒後能改寫ＯＳ的基本功能，導致某些特定文件無法顯示。據說這是種用來攻擊德國西門子公司所生產的工廠用控制系統的高階病毒，使用西門子控制系統的伊朗核開發系統因而遭受攻擊與破壞。

二〇一四年，俄羅斯呑併了烏克蘭克里米亞半島，當時在武裝衝突的背後，駭客發動了一場看不見的戰爭。用電波干擾烏克蘭軍隊的無線通訊、進行網路封鎖，向不得不使用手機聯繫的烏克蘭士兵發送假指令，誘導發炮等攻擊行動。

日本的網路安全對策

二〇一四年十一月日本頒布網路安全基本法，二〇一五年一月內閣府成立網路安全戰略總部。同時，內閣官房（相當於秘書處）設立了ＮＩＳＣ（National center of Incident readiness and Strategy for Cybersecurity）。以日本年金機構的個資洩露風波爲契機，修訂網路安全戰略，於同年九月內閣會議通過。

於該中心設立的政府相關機構情報安全交叉監視·即時應變小組（GSOC）不僅監視中央部門的系統和網路，還把對象擴大到最初並不在監視範圍內的特殊法人（如日本年金機構）和獨立行政法人，時時監控網路攻擊。

防衛省於二〇一四年三月，成立了網路防衛隊，這是在自衛隊指揮通訊系統之下的聯合部隊，負責監視情報通訊網及對應網路攻擊。陸上自衛隊是系統防護隊、海上自衛隊是安全監察隊、航空自衛隊是系統監察隊，各防護隊各自監視和保護著情報系統。

與美國之間成立了日美網路防衛政策工作小組（CDPWG/Cyber Defense Policy Working Group），旨在共享情報並進行聯合訓練。也與澳洲、英國、愛沙尼亞的國防當局間締結了網路協議。

二〇二一年四月，自衛隊參加了北大西洋公約組織（NATO）的網路防禦合作中心（CCDCOE，愛沙尼亞）舉辦的大型演習「Locked Shields 2021」。日本過去一直是以觀察員身分出席，這是首次正式加入。

網路部隊也在努力擴充人力，截至當年已達到兩百九十名。也從民間以年薪最高二千萬日圓的高薪募集網路安全主管職，試圖提升網路能力。

被盯上的海底電纜

病毒、惡意軟體並非網路攻擊的唯一手段，還有數據中心或海底電纜遭受物理性攻擊，以及電纜中的訊息被盜的風險。

據《暴露的世紀——撼動國家的網路恐怖主義》（原文：暴露の世紀　国家を揺るがすサイバーテロリズム，土屋大洋著，角川新書出版）記載，二〇〇五年，紐約時報揭發了美國正在監聽海底電纜通訊一事，當時的小布希總統承認其報導屬實。二〇〇一年在美國重要地標同時發生恐怖攻擊事件後，美國國家安全局（NSA）根據總統命令，在未經授權的情況下監聽了美國市民的通訊。美國中央情報局（CIA）前成員愛德華．史諾登對此事非常失望，於是揭發了美國政府非法收集個資的眞相，震驚世界。

二〇〇五年十月二十五日，紐約時報和CNN報導俄羅斯的潛艇及船隻正在美國重要的海底電纜附近活動。電纜可能因海嘯或地震等自然災害、船錨等物理原因被切斷而影響通訊，但若是人爲攻擊切斷電纜的話可能會影響基礎設施，也擔心通訊情報被竊取。

全球的海底電纜全長約一百二十萬公里，可環繞地球三十圈。九十九％的國際通信透過海底電纜進行。

日本也於二〇一六年以KDDI（日本國內第二大電信公司）為中心，鋪設並營運橫跨太平洋的海底電纜FASTER，海底電纜的兩端在千葉縣的千倉和三重縣的志摩兩地「登陸」。

土屋在書中寫道「失去海底電纜等同於失去情報，與全球社會隔絕。雖然是重要的基礎設施，但大多數國家的海底電纜並非政府所有，而是由民間企業營運，軍隊平時無法保護民間企業的私有物。」強調情報基礎設施的脆弱性。

中山在二〇二〇年一月的某個晚上，到千葉縣一座電纜基地查看保安狀況。那天下著大雨，基地外一個人也沒有，包括後門都能輕易靠近。雖然有安裝監視攝影機，但即使在設施周圍徘徊了約四十分鐘如此看似可疑的舉動，也沒有人來盤問。如果是核電廠等重要基礎設施的話，絕對不可能發生這種事。

中山警告：「萬一此地遭受攻擊，日本的網路通訊就會中斷，也會引起經濟性、社會性的混亂。如果說要保護核電廠免於恐怖攻擊，那麼這個通訊基礎設施不也一樣嗎？即使警察趕來，也需要一定的時間。就算收購了基地站周圍的土地，也可能從地下入侵，日本就是缺乏守護基礎設施的意識。就像玩紙杯電話，應該好好保護那條線一樣。」

俄羅斯在北方四島鋪設通訊基礎設施

二〇一八年俄羅斯展開了連結遠東庫頁島（日文名：樺太）和北方四島的光纜鋪設工程。從庫頁島的南薩哈林斯克（日文名：豐原）到擇捉島的紗那（俄羅斯名：庫里爾斯克）、國後島的古釜布（俄羅斯名：南庫里爾斯克）、色丹島的穴澗（俄羅斯名：克拉沃薩伯克）全長八百三十一公里（海底部分長七百六十五公里）。工程預算為三十三億盧布（約六十五億日圓）。由俄羅斯通信巨頭「俄羅斯電信公司（Rostelecom）」承攬，承包商是中國通信巨頭「華為技術」。

據產經新聞報導，俄羅斯水利局已通知日本海上保安廳（相當於海巡署）同年六月十日至十一月十五日期間，將在鄂霍次克海南部實施海底電纜的鋪設作業。接到海上保安廳報告的外務省（相當於外交部）向俄羅斯提出抗議，表示「進行大規模的基礎設施開發有違日本在北方四島的立場，對此深表遺憾。」

俄羅斯利用通訊基礎設施的策略已經不是頭一次。

據美國CNN和新聞週刊（Newsweek）報導，美國約翰霍普金斯大學的北韓分析網站「北緯38度」公布了俄羅斯國營企業「TransTelecom」於二〇一七年與北韓簽訂網路連結服務契約。由於美中關係持續惡化，擔心網路被美國切斷的北韓決定與出口礦物和石油的貿易夥伴俄羅斯聯手。在此之前，中國國營通訊企業的中國聯通（China Unicom）是俄羅斯唯一的網路連結來源。

也就是說，北韓擁有中國和俄羅斯兩種通訊系統。也有報導認爲這是爲了防禦美國的網路攻擊，因此北韓加強了網軍。

中山憂心地表示「俄羅斯在二〇一四年呑併克里米亞半島時，就以阻斷對方通訊網路的方式來先發制人。利用網路的混合戰爭已經開打。在制定日本憲法的年代還沒有網路，在專守防衛（日本在二戰後所實行，不同於其他類型的軍事戰略。是自衛隊基本戰略、戰術思想的主幹，只防守不主動發動攻擊）原則下，如果通訊基礎設施遭受攻擊時將無法反擊。」

中山的建議

在應對網路攻擊方面，中山在擔任自民黨．國防部會部會長時，以幹部會成員的身分向政府提議日本須具備網路反擊能力。二〇二一年八月，中山拜訪了位於美國米德堡的美國網路部隊總部，並會見了該部隊階級最高的仲宗根司令。作爲網路議題先驅的中山分享了有關網路安全的想法。

微觀和宏觀

詢問一般人有關網路安全時會有怎樣的反應？大部分人都會回答已安裝了電腦防毒軟體。然而，那只是在說個人電腦的事。雖然公司也會爲每位職員的電腦安裝防毒軟體，但每臺電腦都以ＬＡＮ連接，且大多數辦公室共用印表機。如果是駭客的話，就會攻擊印表機而非電腦。

駭入電腦方法有很多種。例如「雙面惡魔」（Evil Twin），是指冒充合法熱點，一旦連線後就會竊取電腦的通訊內容。大家都知道無線網路的熱點風險較高，但即使在設有連線密碼的辦公室，也可能發送強電波來引誘使用者進入僞裝的熱點，然後再透過連線竊取電腦的ＩＤ及密碼。有時也會引導已連線的電腦下載可以獲取打字內容的鍵盤側錄（Keylogger）或特洛伊木馬病毒（乍看似乎是無害的，但會執行破壞電腦數據等有害動作）。

也有以物理性打壓網路基礎設施的方法。例如香港。一九八四年，英國和中國在英中聯合聲明提出從一九九七年起五十年內一國兩制，但中國並未遵守此承諾，香港實際上已被中國共產黨統治，自治權遭剝奪。香港是亞洲的網路中心。這意味著中國共產黨以物理性的鎮壓，從中取得流通於網路的訊息。

此外，連接庫頁島和北方四島的光纜鋪設工程已架設完成，從二〇一九年一月開始營運。

中山認爲網路世界應該從微觀和宏觀、軟體基礎設施和硬體基礎設施兩方面來看才行。

自由民主主義社會VS專制共產主義社會

網路無國境。然而，在網路世界中，俄中聯盟與美國的自由民主主義國家之間仍存在著巨大的鴻溝。令人遺憾的是，要說潮流比較偏向哪裡的話，比起自由主義國家，像共產主義的中國那樣能更有效管理網路。在應對新冠肺炎時也採取了強硬手段，實施封城且讓市民不得有任何怨言。同樣地，情報也是由國家來控制。使用無人機空拍病毒發源地的武漢在封城時的影片被公開；顯示武漢是多麼努力在控制病毒，但在中國若隨意使用無人機是會被檢舉的。也就是說，這種影片只是中國政府的宣傳罷了。昭和時期是民主主義與共產主義兩種意識形態的對立，如今，中國雖然是限制人民自由的獨裁體制，但在經濟方面卻僞裝成經濟自由主義來混淆視聽。同時，面對如此混合型的中國，日本的國內生產總值（GDP）已被超越，排名從第二名下滑到第三名。估計中國遲早會超過美國。

（中國）運用財力借錢給外國政府，無法償還就用物品、港口等重要基礎設施抵押，在經濟競爭中輸給這樣的國家，作爲自由主義者的國會議員中山深感遺憾。

從宇宙領域到網路

第二次世界大戰是核武競賽，而二戰之後是宇宙競賽。為了在月球上插旗，美國與蘇聯賭上國家的威信展開技術能力競賽。

前蘇聯和美國在一九五〇年代發射人造衛星。人造衛星提供情報在越南戰爭（一九五五～一九七五年）中首次被運用。但是當時無法拍到側面影像，所以越南軍讓成為攻擊目標的將軍們撐起傘遮掩。因此，據說美軍趁著攻擊目標的將軍在自家庭院的機會展開攻擊，結果撐著傘的人是替身，而非將軍本人。越南軍更勝人造衛星一籌。聽說現在可以從地軸的傾斜角度改變人造衛星的方向，而且相機鏡頭的性能也提高，足以捕捉到側面影像。

美國提供北韓導彈的預警情報，韓國、日本和美國都以二十四小時、三百六十五天監視並詳查情報，如果沒有衛星這也是不可能實現。HGV（高超音速滑翔載具，Hypersonic Glide Vehicle）發射彈道飛彈等滑翔體，穿越大氣層，高速攻擊目標。以現今的技術很難對HGV做出反擊。

我們身處於如同稻田的秧苗一般整齊排列的人造衛星的衛星星座中，即使導彈飛來，也要依次分析、判斷，找出攔截的可能性的時代。中國正在研發「殺手衛星」技術，利用發射出去的人造衛星摧毀其他的人造衛星。

雖然日本學術會議（隸屬於內閣府的特別機關）會有意見，但防衛省也應該與大學研究機關合作。防衛省內部也有討論，例如在航空自衛隊府中基地（東京都府中市）設置宇宙作戰隊，除了和美國合作監視太空垃圾，也與民間合作開發清除太空垃圾的技術。

這就是智慧和創意。作爲政治家，Creation（創作力）固然重要，但更需要的是Imagination（想像力）。

網路憲法爭議

日本政府於二〇一八年底的內閣會議，核准了中期防衛力整備計劃（中期防，二〇一九至二〇二三年度）的計劃內容。其中包括應對網路戰、使用電磁波的電子戰等新領域。對自衛隊而言，「確保網路反擊能力」即是「擁有可以阻止對方使用網路空間的能力」。

日美安全保障協議委員會在二〇一九年四月宣稱，網路攻擊屬於日美安全保障條約第五條規定的適用範圍，比照武力攻擊。意即如果發電廠、鐵路、通訊等重要基礎設施受到大規模網路攻擊時，可判斷為等同於武力攻擊，軍隊就有防禦的義務。應該可以期待遏止的效果。

如果是提倡護憲論（支持戰後所制定蘊含和平主義、撤廢軍備的反戰思想之「憲法九條」），即使是網路也不能進行先發制人的攻擊，但實際上日本已經遭受網路攻擊。敵方只是想先觀察在不會造成傷害的攻擊下，對方會做出怎樣的反應。這樣就可以了解對方的防範措施，並制定實戰攻擊策略。很難區分網路攻擊是一般狀況或緊急事態，不能用左派的和平主義來應對。自衛隊擁有網路反擊能力，就像在西裝下隱約能看見鍛鍊出來的上臂二頭肌，讓對方知道平時有在鍛鍊，達到放棄攻擊的嚇阻效果。所以網路重訓有其必要。

現在，包括日本在內的民主主義國家需要的是提高嚇阻力。從地緣政治學的意義來看，Deterrence（威懾）是關鍵字。因此，拓展同盟國和合作國非常重要。

第三章
經濟安全保障

在防衛副大臣室的中山。

什麼是經濟安全保障

在美國川普執政時期的美中經濟衝突之下，一躍成了眾人焦點的「經濟安全保障」。這個詞到底是什麼意思？

經濟安全保障可以定義爲「一國爲了國家利益採取的經濟手段」。自民黨新國際秩序創造戰略本部表示，「從經濟角度確保國家安全保障戰略中定義的國家利益。」

在數位化時代，經濟安全保障意味著如何管理有關技術的「情報」與「知識」。如果外流的話，不僅是民間問題，也是國家的損失，甚至會危及國家。如果民生技術被挪用，可能會變成軍事武器。以前是把軍用技術降級供民間使用，但隨著民間技術革新，特別是情報領域的創新，讓立場逆轉。

回顧歷史，能源資源掀起了世界霸權戰。在二十世紀，能源資源就是石油。可以說誰控制了作爲燃料資源的石油，誰就控制了世界。二十世紀的兩次世界大戰爆發的原因也是能源之爭。如今，不僅能源，通訊、醫療、食品、金融、物流等也可能成為戰略基礎。

有這麼一個詞「Economic Statecraft（經濟國策）」。

根據《經濟安全保障——概念的再定義和建立一貫的政策體系》（原文：経済安全保障——概念の再定義と一貫した政策体系の構築に向けて，中村直貴著，立法與調查第四二八號，二〇二〇年十月），「一九八〇年代中期，作為美國的政策概念首次登場。從那時起，美國在加強產業競爭力和以通商政策為主的對外政策上發揮其影響力，與我國在飛機和半導體領域產生了嚴重的貿易摩擦。」

美國將以龐大人口的購買力為基礎，試圖用經濟能力席捲美國的中國視為「戰略競爭對手」，並在貿易、投資管理方面採取應對措施。特別是在半導體等高科技領域更加明顯。由於這種情況被突顯，所以經濟安全保障常被看作是半導體等情報領域的技術貿易戰爭。

中國的超限戰

中國的經濟安全保障動向，可以追溯到一九九九年中國人民解放軍國防大學教授們發表的「超限戰」。

在《Economic Statecraft 經濟安全保障戰》（日本經濟新聞出版）中，作者國分俊史對「超限戰」做了淺顯易懂的分析。

據該書介紹，操縱股價和匯率引發經濟動盪、國內法的國際擴張、政府領導團隊的醜聞導致信任度下降、將滲透到日常的生活產品變成武器的戰爭行為的有效性，這些都是「超限戰」的具體例子。

此外，「超限戰」也指出，美國在波斯灣戰爭之後，作爲超級大國，認爲不會再有強國之間的戰爭，爲了創造出軍隊活動範圍，提出了讓軍隊參與災害應對、全球性流行病應對等「非戰爭」領域的「非戰爭的軍事行動」概念，受到好評。但也指出「『非戰爭的軍事行動』的思考過於狹隘，如果再加上包含了軍事行動以外的行動『非軍事的戰爭行動』，就可以實現涵蓋**所有概念的**戰爭。」

有關「非軍事的戰爭行動」，指出美國缺乏遠見「『非軍事的戰爭行動』比起軍事戰爭行動，具有更廣泛的意義，至少是可與其並駕齊驅的作戰領域及方式，這種想法被美軍排除在視野之外——如此廣闊的領域無疑是未來的軍人和政治家發揮想像力及創造力的空間。」

此外也道出「超限戰」在「非軍事的戰爭行動」的基礎下，「必須以加法思考結合其他的戰爭行動」。介紹了「在敵國毫無知覺的情況下，暗中募集大量資金、突襲對方的金融市場以作爲攻擊手段；製造金融危機後，利用事先隱藏在電腦系統的病毒及派出駭客同時攻擊敵國的網路，讓民間的電力網和交通管制網、金融交易網、電信網路、大眾傳媒網全面癱瘓，引發社會恐慌、街頭騷亂、誘發政府危機。最後再讓大軍越過國境，運用軍事手段來加速攻擊，強迫敵國簽訂屈辱性條約。」

國分評論，以中國於一九九八年就明確聲明以上述論點爲前提，「從現在中國的行動來看，中國爲了制定出超越美國思維的有效戰術，正在有條不紊地實行（非軍事的戰爭行動）。」他分析，此舉加深了美國對中國軍事意圖的不信任感，美國應該建立有效的經濟性國家政策以應對中國的經濟性國家政策。

美國的中國包圍網

美國川普執政時期，副總統彭斯在二〇一八年十月的演說被認爲是宣布與中國冷戰的「新冷戰」的開端。美國政府認爲中國的高科技技術對美國安全構成威脅，因此將中國最大的通信設備華爲技術和中國電信巨頭ZTE（中興通訊）排除在政府採購案之外。同時，也呼籲新一代通訊的同盟國日本、德國、英國、加拿大等國家採取類似措施。雖然有人預測，隨著對中強硬路線的川普政權轉移到拜登政權後，對中國的政策是否會回到過去民主黨的親中路線；不過在對中態度上，拜登繼承了川普政權的立場。拜登政府相當關心中國實施管制香港反政府行動的《中華人民共和國香港特別行政區維護國家安全法》，在新疆維吾爾自治區將維吾爾族關在集中營，強迫勞動和進行拷問等侵害人權的行爲。拜登政權不僅在經濟方面，在人權方面也把中國視爲問題。

二〇二一年四月，菅義偉首相和美國總統拜登在首腦會議上發表以「新時代日美全球夥伴關係」爲標題的共同聲明，就中國的行動對印度太平洋地區乃至世界和平與繁榮的影響交換意見，並就中國以經濟及其他方式進行脅迫等，與國際規則的秩序不符的行爲表示擔憂。還提到了臺灣、釣魚臺、人權等問題，指名道姓地批判中國。

日本政府的應對

日本也意識到經濟安全保障的重要性，正在建立體制之中。

二〇二〇年四月，正式在隸屬於國家安全保障會議（NSC）下的內閣官房國家安全局（NSS）內成立經濟小組。經濟產業省（相當於經濟部）內新設可以橫向協調應對的經濟保障室。同年五月，隨著美國頒布針對審查外資的新法案「外商投資風險審查現代化法案」（FIRRMA），日本修正了外匯法「爲健全日本經濟發展、促進國內直接投資，同時加強管制可能損害國家安全的投資，將制定免事前申報制度，以及重新審查事前申報對象等措施。」

同年十二月，自民黨新國際秩序創造戰略本部（主席爲甘利明‧自民黨稅制調查會會長）爲了「加強日本的戰略性基礎產業、確保長期且持續的繁榮、強化國際社會不可或缺的產業」，提出設立「經濟安全保障統括促進法」的建議。

重點對象領域非常廣泛。

一　確保資源‧能源

二　海洋開發

三　加強食品安全

四　完善金融基礎設施

五　完善情報通訊基礎設施
六　宇宙開發
七　加強網路安全
八　促進即時數據的利用
九　供應鏈的多元化・強韌化
十　確保及維持我國的技術優勢
十一　提升創新能力
十二　土地交易
十三　大規模傳染病的防治措施
十四　基礎設施出口
十五　透過國際組織參與法規制定
十六　加強經濟情報能力

可以說涵蓋了除教育、文化領域之外的所有領域。

昭和歷史中的日美經濟安全保障

近幾年經濟安全保障成了熱門話題，但中山指出「經濟安全保障在昭和史就曾經存在過」。

「在第二次世界大戰中，日本歷經原子彈轟炸、東京大轟炸等攻擊，成了一片焦土，失去了許多生命。身爲家中勞動力的父親被帶去打仗，留下妻子在『細臂繁盛記（形容在事業上獨當一面的女性）』中打拚。戰後復員的男人們日以繼夜的工作，實現經濟高度增長，得以從焦土中復甦。創造日本快速成長的就是美國。在駐日盟軍最高司令官總司令部（GHQ）的占領政策下，實行一美金兌換三百六十日圓的固定匯率制，建立高品質的代名詞『日本製造（Made In Japan）』，這些都是得益於日美同盟，日本身後有美國的緣故。」

基於擁有自由民主主義的共同價值觀的日美同盟，日本在安全保障相關問題上能依靠美國，安心追求經濟成長及技術發展，成長快速到甚至產生經濟逆差的程度。中山認爲，在討論經濟安全保障問題前，必須先溫故知新這段日美堅定的羈絆。

但過於安逸的環境造就了「毫無憂患意識（原文：平和ボケ）」的溫床，日本甚至失去經濟安全保障的概念。

「日本就像是追求時尚一樣，把經濟安全保障這個潮流急著套上身，這眞的適合自己嗎？如果無法穿出眞的時尚感的話……」

中山用時尚的比喻來強調經濟安全保障的重要性。

另外，對圍繞經濟安全保障的「新冷戰」概念，應將其定義爲「熱戰」，而不是「新冷戰」。若從擁有核武器的美蘇「冷戰」時期來看，很可能會誤解現代的「新冷戰」的本質意義。因此對中國的情況，用「熱戰」這個詞更加恰當。

撤退中的國內軍事產業

二〇二一年五月傳出機械大廠住友重機械工業，爲陸上自衛隊製作的五．五六毫米機關槍樣品使用的零件設計圖外洩至中國。據媒體報導，因應陸上自衛隊在二〇一九年度新一代機關槍的採購標案，住友重機械接到自衛隊要求後，委託多個承包商製作機關槍樣品。但該承包商爲了大量生產，擅自將零件設計圖交予中國企業，此事係透過住友重機械的內部審查後得知，該公司於二〇二〇年向經產省及防衛省報告。由於承包商並不知道此零件屬於武器的一部分，亦沒有聯想到與機關槍有關，因此未按規定事先取得國家核准便將資料提供給外國廠商。經產省根據管理海外交易的外匯法規定，於二〇二一年四月二十八日對該承包商和住友重機械給予嚴重警告及行政指導。官房長官加藤勝信在五月二十日的記者會上表示「發生這樣的事情令人非常遺憾。」

與此事件無關，之後由於住友重機械預期機關槍的銷售量無法擴大，加上維護生產設備和培養技術人員困難，決定撤出機關槍領域。追根究底，國防裝備領域的銷售額只不過占了總銷售額的百分之零點幾。該公司表示「基於經營上的考量，決定撤出機關槍市場，但不會停止機關炮的生產，也會持續提供機關槍的維修服務。」

承包商將零件設計圖交給中國顯示管理體制過於鬆懈，也使人再次意識到國內企業接連撤離國防裝備領域的問題。小松製作所也退出陸軍輕型裝甲車（ＬＡＶ）的開發及製造。

從安全保障的角度來看，國防設備需要使用日本的技術，在國內生產。如果連零件也要在國內生產的話，成本過於高昂，不切實際，但造成某裝備產業的衰落，無疑是安全保障的隱患。雖然需要安全調查（security clearance），但市場拓展也是「經濟安全保障」的問題之一。

中山認爲「國防預算每年都比前一年增加，但防衛省預算中超過四成是人事費。在這個不得不說是每況愈下的安全保障環境中，如果在應對上有隱憂，就更應該完善應對準備、消除隱憂。我們必須重視『守護國防產業』這個基本原則。」

第四章
與以色列並肩

中山與前以色列總理納坦雅胡對談。

在中山家的歷史中，值得一提的是與以色列的關係，推動日本以色列友好議員聯盟誕生的功臣便是父親正暉。

外務省的中近東非洲局長渡邊允，向當時擔任眾議院外務委員長的正暉商量，「以色列的外交部副部長大衛．金希即將正式訪問日本，但日本沒有與以色列的友好議員聯盟。美國議會向我方抱怨，阿拉伯國家有友好議員聯盟但以色列卻沒有，這不是很奇怪嗎。有沒有什麼好方法？」

以色列和日本建交始於《舊金山和平條約》生效的一九五二年。當初僅是公使級別，但在一九六三年，兩國關係提升至大使級別。最初，正暉向執政黨議員提出邀約，但在仰賴中東石油等資源的日本，大多數議員都對與以色列建立關係一事猶豫不決。據悉，當時只有一人很爽快地答應加入議員聯盟，那人正是正暉的盟友濱田幸一（已故）。

正暉同時對在野黨提出邀請，該聯盟終於在一九八四年二月正式成立。首任會長由春日一幸（民社黨．已故）擔任，正暉擔任事務局長（之後出任會長）。雖然現在由前防衛大臣中谷元擔任會長，執政黨與在野黨中親以色列的議員也增加了，但是不難想像聯盟成立初期日本對以色列的態度與現在截然不同。不僅僅是因爲日本仰賴中東產油國的能源，也有不少人是沒有深入理解巴勒斯坦難民的問題，就一味地對以色列持批判態度。

苦難的歷史

讓我們來揭開以色列的歷史。

在歐洲，俄羅斯約有六百萬名猶太人因大屠殺（納粹德國屠殺猶太人）被殘忍地奪去生命。聯合國提議將英國託管的巴勒斯坦地區劃分為猶太人國家和巴勒斯坦阿拉伯人國家，但是被鄰近的阿拉伯國家否決。

為現今中東地區埋下火種的正是英國所謂的「雙面外交」，亦可說「三面外交」政策。第一次世界大戰時，英國以阿拉伯人在鄂圖曼帝國內發動叛亂為條件，與阿拉伯方面簽署了承認阿拉伯人獨立建國的《麥克馬洪—海珊協定》。與此同時，為了獲得戰爭資金援助，與猶太人方面締結了《貝爾福宣言》，承認在巴勒斯坦建立一個猶太人家園。這兩個協定互相矛盾。之後，英國、法國、俄羅斯三國決定私下瓜分鄂圖曼帝國領土，又簽署了名為《賽克斯—皮科協定》的秘密協定。其後，埃及等阿拉伯國家對一九四八年宣布建國的以色列發動了第一次中東戰爭。在各國反猶太主義依舊的情況下，以色列被阿拉伯否定其存在，國家的生存受到威脅的以色列只有強化軍事力量。

緊接著第二次（一九五六年）、第三次（一九六七年）、第四次（一九七三年），一共發生了四次中東戰爭。其中在第四次時，阿拉伯產油國採取不向親以色列國家出口石油的戰略，導致油價暴漲，也就是所謂的石油危機。日本各地也出現了架上衛生紙被搜刮、市民湧入超市等恐慌情形。七十年代，伊朗革命引發了第二次石油危機，依賴海外能源的日本再次受到打擊。

就在傷口尚未癒合時，日本成立了友好議員聯盟。

正暉表示，會致力設立日本以色列友好議員聯盟，不僅是因爲外務省官員的請求。

「在日俄戰爭中，日本戰勝了軍事大國俄羅斯，但是向日本提供軍資援助的是猶太人。猶太人在日俄戰爭的勝利上助我國一臂之力的事鮮爲人知，但在書籍及猶太史中仍有許多値得學習的地方。」熱愛歷史的正暉深入研究了日本與猶太的歷史。或許正暉曾透過演講和座談會介紹猶太歷史，也是被外交部官員們洽談成立議員聯盟的原因之一。

說起猶太和日本的關係，最先想到的是以「救命簽證」聞名的前外交官（駐立陶宛代理領事）杉原千畝的名字。不只有他，根據歷史學者本·阿米·希洛尼（Ben-Ami Shillony）

與河合一充的共同著作《日本與猶太　友好的歷史》（Myrtos出版）中記載，還有一個人物不能被遺忘，他就是在杉原之前曾任前滿洲（中國東北）哈爾濱特務機關長的樋口季一郎陸軍少將（後爲中將）。一九三八年，樋口拯救了逃過歐洲納粹的迫害，抵達位於蘇聯西伯利亞鐵路支線的終點站「奧托波爾」（現名：外貝加爾斯克）的猶太難民。

奧托波爾車站與滿洲的「滿州里」車站接壤。樋口與滿洲國的外交部協商，允許因沒有正式簽證而挨餓受凍的猶太難民進入滿洲，並致力於爲猶太難民核發過境簽證。

此外，他又與滿洲鐵路的松岡洋右總裁聯絡，安排救援列車。獲救的猶太人在日本、上海、美國等地安居。據悉，這條「樋口之路」一直持續到德蘇戰爭爆發（一九四一年）後，無法經由西伯利亞鐵路移動才告終。樋口說：「日俄戰爭的勝利要歸功於猶太人的幫助」，軍隊內部當然也有認爲是猶太陰謀論的人，所幸當時沒影響到其他人。

日本於一九三六年與德國簽署了《反共產國際協定》，德國就樋口的行爲向日本政府提出抗議。對此，當時的關東軍參謀長東條英機中將向樋口求證。樋口回答「如果說放任猶太民族困在奧托波爾使其進退兩難的話，才是會被稱爲恐怖人道主義敵人的國策。日本並不是德國的附屬國。」東條接受了樋口的主張，對德國的抗議不予理會。該書評價樋口「『種族平等』是日本國策，在此展現出戰前日本作爲一個國家的氣概。」

這樣的歷史背景也是正暉設立日本以色列友好議員聯盟的動機。

以色列駐日大使班阿里表示：「在那個遭受阿拉伯聯合抵制，以色列在日本也不受歡迎的時代，（中山正暉）卻自願爲設立友好議員聯盟而奔走，是個堅守自我原則的人。」

當時只有十四歲的中山望著父親的背影，父親與以色列建立的羈絆成爲他處理國際關係的原點，也對擔任外務省政務官、外務省副大臣等要職時有很大的幫助。

以色列青少年救援計劃

猶太教跨越國境遍布全世界。有一次，布魯塞爾．安特衛普的極端正統猶太教（Utra Orthodox）撒塔瑪哈西德派的拉比（猶太教祭司）威斯打了通電話給中山。威斯表示，希望能與從父親那一代就和以色列關係密切的中山見面。

「我現在在荷蘭，有件事想親自拜託您。我現在要搭機去日本，可以的話，明天能不能抽空見個面？」

中山驚嚇於突如其來的拜託，「上午我有空，請您到議員會館。」隔天一早抵達成田機場的威斯，依約來到中山位於議員會館的辦公室。

會談的內容是，撒塔瑪哈西德派有三名十幾歲到二十幾歲的青少年，於二〇〇八年四月經由荷蘭入境日本時，在成田機場被查獲行李箱內裝有大量合成毒品ＭＤＭＡ，以違反關稅法、毒品及精神藥物管制法而被以現行犯逮捕一事。

在以色列，日常生活和政治反映了宗教戒律。大致可分爲世俗派和正統派，約半數國民是世俗派，過著無須遵守戒律的生活。另一方面，正統派則需在飲食、生活方式上都嚴格遵守戒律，例如男性需戴黑帽、著黑衣等。其中，掌管宗教行政的是最嚴格遵守戒律的極端正統猶太教（哈雷迪猶太教），撒塔瑪哈西德派就是其中之一。三名青少年是連網路都不使用的薩特瑪派布內布拉克人，他們就讀宗教學校，過著脫離世俗的生活。受到同一個社區的前輩拜託，「請幫我把Judaica（猶太教的歷史文物）交給在東京的朋友。」於是他們在中轉地荷蘭阿姆斯特丹的飯店拿了行李箱，來到日本。

然而，行李箱是雙層構造，內層藏著約九萬顆合成毒品ＭＤＭＡ。據當時媒體報導，終端市價爲三億六千萬日圓，這是歷年來查獲旅客攜帶ＭＤＭＡ中數量最多的一次。

這些少年當然也是有生以來第一次出國。他們未曾懷疑前輩的話，按照吩咐把送到阿姆斯特丹飯店的行李箱帶到日本。雖然「不知情」，但這是大量的非法毒品。因此他們被移送到千葉監獄看守所。

就在這裡發生問題了。

極端正統猶太教的虔誠信徒，只能吃猶太教食品（原文：Kosher foods，符合猶太教教規的食品）。因爲他們不能吃看守所提供的食物而日漸消瘦，甚至到了危及生命的程度。

擔心他們安危的威斯，只好找當時擔任日本以色列友好議員聯盟事務長，亦對以色列相當了解的中山商量。

中山表示，「在猶太人歷史中有幾個世紀遭受迫害。現在青少年被拘留在宗教觀念不同的異國他鄉的看守所裡，是否會讓他們感覺彷如大屠殺重現？必須想點辦法。」

巧合的是，中山曾在自民黨的治安對策特別委員會中，擔任負責MDMA關聯的小委員會的事務局長，致力於揭發MDMA問題。

現今，在東京奧運會的推動下，使得民族和宗教的多樣性受到尊重，在日本也能買到清眞食品（符合伊斯蘭教教規的食品）等滿足宗教需求的食品，但這件事發生在十多年前。當時日本國內要找到符合認證的猶太教食品相當困難。

以色列駐日大使館也拜託中山幫忙，中山把因擔心這些青少年而從世界各地趕來的拉比帶到外務省和法務部的高層面前，請求宗教及人道上的理解。也考慮過飛機餐或許能解決此問題，還與英國航空公司討論過將猶太教食品送進看守所的方式。

但即使是飛機餐，按規定獄警還是會打開確認。只要食物被非猶太教信徒的人碰到就不符合猶太教食品規範，信徒們無法食用，因此最終未將飛機餐送進看守所。

據替這些青少年翻譯的希伯來語講師青木偉作說，根據有權制定信徒行動規範的威斯判斷青少年們正處於「有生命危險」特殊情況，因此可以食用看守所提供的麵包。由於他們不能吃經過異教徒的日本人加工後的蔬菜，所以請求看守所提供未經加工的食材，此要求也獲得了特別認可。

在獲得威斯的宗教特別措施後，他們可以吃麵包、生蔬菜（整顆），偶爾還有烤魚，以及果醬麵包和巧克力麵包等慰勞品。依據法務部的改正條文（法務省矯成訓）也允許攜帶護經匣（tefillin）和披肩（tallit）等猶太教祈禱用配飾入內。

由於三人在法律上的訴求不同，因此各自受審，二人被判有罪。另一名約二十多歲的青年於二〇一一年八月，由千葉地方法院宣判無罪。

青木說，「在日本，猶太教的飲食規定本身並不為人所知，而且也不想顧及涉嫌藥物犯罪的人，在這種情況下，只有中山泰秀嘗試親自向法務大臣（相當於法務部長）等政府及外務省官員們提出祈禱用具和食物等訴求，這個舉動激勵了全世界的猶太教正統派信徒，並給予他們勇氣。」

自民黨支持率下滑，於二〇〇九年，政黨更迭成了民主黨執政，中山雖然失去了議員席位，即使政權交替，他仍致力於改善以色列青少年的處境。

如前所述，發生在二〇〇八年，三名不諳世俗的信徒甚至連這年在北京舉行奧運都不知道。卻被同一社區的前輩利用，而在異國他鄉遭受到審判的嚴峻考驗。

以色列的徵兵制被認爲是最大的社

威斯會見中山。

會負擔。當時，在以色列國內，世俗派對免除徵兵制的極端正統派的不平等感不斷加劇。按理說以色列大使館應該出面解決自國國民的問題，但中山是唯一接受大使館全權委託，致力於改善他們待遇的政治家。

在青年被判無罪的幾個月之後，中山受到極端正統派的邀請，前往以色列。

陪同翻譯的青木和中山被引導至特拉維夫近郊，青年的出生地貝內貝拉克，這裡人口約十九萬人，是極端猶太教的中心地。

中山一踏入這片土地，眾人都以燦爛的笑容迎接，彷彿早已知道中山爲青少年們返家一事而奔波。教堂裡知名的拉

與沃斯納合影的中山及青木。

比──舒姆埃爾・沃斯納（Shmuel Wosner）正等待著。

沃斯納感謝中山在日本的努力後如此問道：

「作爲答謝，有什麼想要的請儘管開口。」

「不用了，光是這份心意就夠了。」

閒聊後，中山拜託沃斯納拍照合影留念。

事後才知道，沃斯納從來不接受合影，即使對方是再怎麼地位崇高的人。或許是因爲其身分對全世界的猶太教信徒具有很大的影響力，擔心照片被濫用吧。

「完全不知道有這樣的事。在要求合影時，確實感受到周圍充滿緊張感。後來他們說，『你得到了用金錢也換不到的貴重物品』，一起拍攝的照片對我來說是非常珍貴的寶物。」

沃斯納於二〇一五年四月去世，享年一百零一歲，安葬在貝內貝拉克。當時約有十萬人參加了葬禮。與沃斯納的合影一直擺放在議員會館內中山的辦公桌上。

在東京鐵塔點亮光明節的燭火

光明節是猶太曆的節日，每年十二月在東京鐵塔下都會舉行光明節慶典。雖然在日本大家對光明節還很陌生，但這是每年都會慶祝的猶太教例行活動。猶太曆的光明節是起源於西元前二世紀左右，當時從異教徒手中奪回猶太聖殿時，聖殿燭臺只用了一天份的燈油，卻奇蹟般連續燒了八天之久。八天之內，在九燈臺（Hanukkiah）上，將燈檯一盞盞點亮。東京鐵塔的活動始於二〇一六年。為舉行東京鐵塔的光明節慶典，中山做出貢獻。

中山受到位於東京都內的猶太會堂（Synagogue）之一的「哈巴德・盧巴維奇（Chabad Lubavitch）」諮詢能否在日本公開舉行光明節慶典，中山表示「富士山是日本的象徵，但要在富士山舉行很困難，那麼在另一個地標的東京鐵塔舉行如何？」在美國，總統會在白宮點燃蠟燭；在俄羅斯，普丁總統等國家領導人也參加了慶典。於是中山在此展現了前電通人的創意真本領。

他向管理及營運東京鐵塔的「株式會社TOKYO TOWER」負責人詢問，「希望能在東京鐵塔腳下舉辦以色列的光明節慶典。因爲燈飾非常美麗，加上十二月正是聖誕節期間，一定很吸睛。」

但是得到的答覆是「這不是猶太教的宗教活動嗎？恕難配合。」

「是嗎，很遺憾，我明白了。」

中山姑且先這麼回應了。

但是中山不會就這樣輕易放棄的，再次調查後得知位於東京鐵塔附近的「德川家康的菩提寺」增上寺曾在東京鐵塔辦過活動，中山再次聯繫負責人。

「增上寺有在東京鐵塔舉辦活動對吧，如果說佛教就可以但猶太教不行的話，恐怕會引起抗議吧，我有點擔心呢。」

後來成功獲得了舉辦權，能在公共場所舉行猶太教慶典的機會非常難得。

二〇二〇年十二月，因受新冠肺炎疫情影響縮小活動規模，但仍聚集了約百人到場，現場介紹了光明節舞蹈，還提供了紀念聖油的果醬甜甜圈（Sufganiyot）及馬鈴薯餅（Latkes）等食物。

在大阪舉辦《安妮日記》資料展

在西蒙．維森塔爾中心的美國猶太人拉比——亞伯拉罕．庫柏（Rabbi Abraham Cooper）與中山氣味相投。庫柏向中山商量能否在大阪展出由中心管理，以《安妮日記》聞名的安妮．法蘭克的遺物。

從二〇一八年六月三十日起，在大阪市北區梅田東社區會館舉行了為期三天的「勇氣的見證——大屠殺展　安妮．法蘭克和杉原千畝的選擇」展覽。在大阪市北區當地居民的協助下，展覽獲得巨大成功。中山說「雖然短期內比較困難，希望以後有機會再辦。」

心與以色列同在

「換成是你，你會怎麼做？突然有一天被恐怖份子在二十四小時之內以三百多發火箭彈攻擊，奪走了心愛家人的生命和家園。以色列有權保護自己的國家免於恐怖份子的攻擊。最初向一般市民發射火箭彈的人到底是誰？我們的心與以色列同在。」

以色列與實際統治巴勒斯坦自治區加薩走廊的伊斯蘭基本教義派哈馬斯之間的軍事衝突越演越烈，二〇二一年五月十二日凌晨，中山在自己的推特發表了上述內容。這篇發文得到褒貶不一的迴響。當天下午，在新冠肺炎疫苗大型接種中心的記者會上，每日新聞的記者提出了問題。若內容被新聞報導出來，恐怕會在國會引起軒然大波。

以下重現中山與記者的對話內容。

記者　「有關『以色列有權保護自己的國家免於恐怖份子的攻擊』的發文，有些人表示『難道防衛就是以牙還牙，以眼還眼嗎？』爲什麼你會這樣寫呢？站在

展覽期間拜訪大阪之西蒙・維森塔爾中心的庫柏。

（防衛）副大臣的立場，也是政府的一員，難道不會被理解爲政府支持以色列嗎？」

中山　「自二〇〇三年當選眾議員以來，我一直致力於以色列及日本的友好議員聯盟活動。同時，爲了促進以色列和巴勒斯坦的和平，不僅使用政府公帑，甚至自費支援讓支撐中東未來的年輕人到日本研修。其中，若查閱公安調查廳發表的恐怖主義手冊可以得知，有一個叫哈馬斯的恐怖主義組織。這個也被美國指定爲恐怖份子的組織，在二十四小時內向以色列市民發射了三百多枚火箭彈，攻擊一般市民。雖然有人在我的推特上批評『巴勒斯坦不是恐怖份子』，但我從未說過巴勒斯坦人是恐怖份子。我想表達的是，希望這一切不要混爲一談。被日本公安調查廳和美國指定爲恐怖份子的哈馬斯正在發射導彈。我在推特上寫的是希望消滅這些恐怖份子・恐怖主義……以色列和日本難道不該有『保護自己的國民免受恐怖攻擊的權利』嗎……只是想表達這樣的訴求。巴勒斯坦的一般市民被恐怖份子拿來當盾牌……

爲什麼全世界的媒體可以去以色列拍攝到導彈轟炸加薩走廊大樓的瞬間？因爲ＩＤＦ（Israel Defense Forces＝以色列國防軍）掌握該棟大樓有恐怖份子的情報，並事先做出預告「若確認有恐怖份子的話，將會以砲彈攻擊」並精準攻擊目標。在那裡有恐怖份子，恐怖份子有炸彈。把一般市民捲入風波，甚至拿人當擋箭牌的難道不是哈馬斯嗎？看到這種情況，我認爲任何一個國家都有『保護自己的國民免受恐怖攻擊的權利』。如此一來，我擔心一般的巴勒斯坦人因爲恐怖份子（哈馬斯）的行爲導致他們被視爲是（哈馬斯）同類。我希望日本國民能理解這點。」

對於中山在推特上的發文，巴勒斯坦常駐代表（相當於大使）瓦利德．西亞姆（Waleed Siam）於五月十四日在日本外國記者協會舉辦的記者招待會上抗議表示「此發言有失於偏頗。我對日本高層官員（的這種意見）感到失望。」之後，以色列駐日臨時代理大使斯特洛普（Strulov）在同一個外國記者協會舉辦的招待會上表

訪問巴勒斯坦時，與臨時自治政府主席阿巴斯（中）、觀光大臣合照的中山。

示「（中山的推特）賦予我們勇氣。」

這個問題在國會也被拿出來討論。在十八日舉行的參議院外交防衛委員會上，共產黨議員井上哲士質詢「這有違政府的原則吧？」中山反駁地說：「此發言代表個人立場」「這與政府的看法一致。任何暴力行爲都不被允許」，並拒絕刪除這則推文。

儘管中山常被認爲是親以色列派，但還是一直在爲外務省從一九九七年開始實施，邀請以色列和巴勒斯坦雙方的年輕人訪日一事付出。事情的開端是在中山初次當選的二〇〇三年，外務省幹部們找中山商量說「想在最後一天舉辦送別會歡送年輕人，但是預算不足」。中山想以日本的「款待之道」歡送年輕人，於是自掏腰包並籌劃了能享受日本文化的送別會。乘坐屋形船或東京觀光巴士邊用餐等，每年都精心策劃能讓以色列、巴勒斯坦的年輕人盡興而歸的送別會。在放鬆玩樂之前，會進行中東局勢和政治的討論會，有助於加深雙方理解。

中山說：「雖然被瓦利德譴責那是有失偏頗的發言，但我並不是在批評巴勒斯坦人，問題在於恐怖份子哈馬斯。如果從至今爲止的行動來看，應該是不言可喻的。」

話說回來，哈馬斯到底是什麼？根據公安調查廳的恐怖主義手冊，定義爲一九八七年，在加薩走廊發生的暴動（Intifada）擴散到巴勒斯坦全境時，該地區的「穆斯林兄弟會」最高領導人艾哈邁德・亞辛（Ahmed Yassin，於二○○四年死亡）成立的武裝組織，其目的是透過武裝鬥爭建立伊斯蘭國家。

正如中山在記者會上所稱，美國在遭受九一一恐怖攻擊後，G8主要國家凍結了包括哈馬斯在內的恐怖份子、恐怖組織的資產，以加強打擊資助恐怖主義的措施。日本也於二○○三年九月三十日獲得內閣會議批准並宣布「除日本以外的G7主要國家都實施了資產凍結措施，綜合考量我國迄今掌握的情報，將哈馬斯列為資產凍結措施的對象。」

哈馬斯與發動美國九一一恐怖攻擊的蓋達組織，以及綁架並殺害日本人的伊斯蘭國（IS）一樣，都是恐怖組織，但朝日新聞將哈馬斯稱呼為「伊斯蘭組織哈馬斯」。每日新

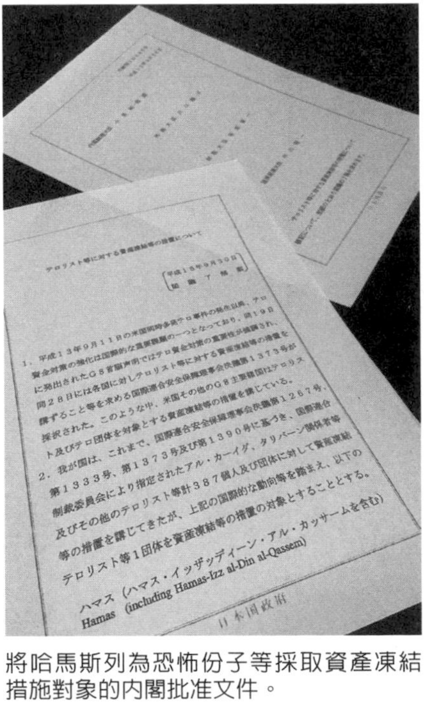

將哈馬斯列為恐怖份子等採取資產凍結措施對象的內閣批准文件。

聞、共同通信也同樣使用「伊斯蘭組織哈馬斯」。讀賣新聞稱其爲「伊斯蘭主義哈馬斯」，產經新聞、日本經濟新聞使用「伊斯蘭基本教義派哈馬斯」的名稱，NHK則使用「伊斯蘭主義組織」和「伊斯蘭基本教義派哈馬斯」兩種名稱。

就名稱而言，根本看不出這是恐怖組織吧。

「敬啓者　中山泰秀副防衛大臣」

針對上述問題，伊斯蘭思想研究家飯山陽在個人的收費會員制部落格上，發表了一篇名爲「敬啓者　中山泰秀副防衛大臣」的文章。

文章以「冒昧地說」起頭，接著寫道「我認爲中山副防衛大臣的言論非常合理及正確。」

概述如下。

「因爲中山副防衛大臣清楚認知造成紛爭的當事者一方是以色列這個『國家』，另一方是哈馬斯這個『恐怖組織』。同時，基於國際法賦予的權利，只要是以色列的國民，理所當然享有保衛人民和國家的自衛權的權利，所以我認爲這是正確的。但是，在日本媒體和評論上很少看到這種主張。

因爲在媒體、中東業界及知識份子看來，巴勒斯坦問題早已被刻畫成以色列是邪惡帝國主義的鎮壓國，巴勒斯坦是被脅迫的弱小正義戰士，兩者之間展開的是一場『正義與邪惡之戰』和『道德劇』（morality play）。

他們將哈馬斯這個『恐怖組織』以巴勒斯坦『弱小正義的夥伴』來替代，將『恐怖攻擊』美化成對帝國主義的『抗議運動』，以此來擁護哈馬斯。其證據就是他們絕不稱哈馬斯爲『恐怖組織』，而是以『伊斯蘭組織』來混淆視聽，每日（新聞）的相關報導也是如此。

他們不僅沒有告知哈馬斯已被許多國家指定爲恐怖組織的事實，甚至也沒有告知哈馬斯挪用了國際對加薩市民的支援金及支援物資，原本用來建造學校、醫院及道路的鐵和水泥也被拿來建攻擊以色列的隧道、火箭彈發射設施，以及替幹部們蓋豪宅過著奢侈的生活。

此外，哈馬斯還故意將學校和醫院作爲攻擊基地和據點，迫使以色列發動空襲，然後宣稱以色列屠殺無辜的市民，而且讓主流媒體拍攝影片傳播至全世界，加深全世界人民對以色列的厭惡和敵意，並塑造哈馬斯是保護可憐的巴勒斯坦人的正義戰士形象。

哈馬斯深諳媒體的做法，並將其作爲戰略的一部分利用。

這個作法確實很有效。實際上，每日新聞等日本媒體正如哈馬斯預料的，不斷報導『以色列是不好的，以色列成了萬惡的根源』，只看了這些報導的日本人對以色列的印象變得根深蒂固。」

飯山也指出，這種傾向不僅在日本，連歐美也同樣存在。「哈馬斯於一九八八年發表的《哈馬斯憲章》明確記載，目標是透過聖戰（以上帝之名與敵人作戰）消滅以色列。」「當以色列停止防衛時，便是以色列這個國家被恐怖份子殲滅的時候。」

還說「哈馬斯的幹部法特希・罕默德（日文發音：Fatohi・Hanmado）鼓勵耶路撒冷的巴勒斯坦人說『我要你們用刀砍下猶太人的頭。以你們的雙手割斷他們的動脈。一把刀只需要五謝克爾。買把刀、研磨它、然後砍掉（脖子）就行了。僅用五謝克爾你就能讓猶太人國家難堪』揭發了「這就是正義戰士、和平抗議者的眞面目」。

雖然中山與以色列的緣分很深，但是與飯山在這則推文前完全沒有交集。

「這是在支持以色列與否之前的問題。身爲學者，陳述事實並分析是我的工作。中東問題在日本的報導中異常地帶有偏見，中東研究家也是立場偏頗。爲巴勒斯坦助威就是正中哈馬斯的計謀。不禁讓人想問到底是誰在折磨巴勒斯坦。在不知情的情況下被操控將會對日本不利。」

飯山在回應中山的推特時，透露了公開自己意見的理由。

這場衝突在埃及的斡旋下，在十一天內簽訂了停戰協定。對此，五月二十日的參議院外交防衛委員會，因爲答辯人中山遲到，在野黨爲表抗議而讓委員會流會。中山不知道質詢時間被提前，雖然只遲到了兩分鐘，但遲到就是遲到。中山因此受到加藤勝信內閣官房長官、岸信夫防衛大臣的嚴重警告。中山本人也在日後召開的委員會上爲遲到一事道歉。對於推特上的發文也因簽訂了停戰協定，「已完成任務」而撤回推文。中山回想著說「雖然已撤回推文，但它成了引發各界討論的契機。我認爲這成了揭露問題本質的好機會。」

中山重視以色列的背後考量是防衛裝備的零件網。例如，美國洛克希德·馬丁公司生產的F－35是守護日本上空的主力戰鬥機。據了解，機翼等主要零件大多來自美國的同盟國以色列，截至二〇一九年爲止，以色列對美國的零件製造銷售額超過二十億美元（二千二百億日圓）。中山說「加工貿易對經濟安全保障非常重要。下游供應鏈的風險直接關係到安全保障。不僅F－35，以色列還握有第五代移動通信系統（5G）、網路安全方面的技術。」

以色列駐日大使亞法．班阿里

二〇二一年五月，決定將於九月底卸任的以色列駐日大使亞法．班阿里接受了長時間的訪談如下。

我到日本赴任已四年，但中山家與以色列的關係由來已久，可追溯到一九八〇年代。日以友好議員聯盟是由中山泰秀眾議員的父親正暉創立。

以色列和日本的外交始於一九五二年，日本在第二次世界大戰戰敗後從美國的占領中獨立出來，至今有約七十年的悠久歷史。

在與中東的能源外交中，受石油危機等影響，日本曾擔心會受到中東產油國的抵制。但是正暉並未被他人左右，而是以自己的堅強意志和領導能力決定創

以色列駐日大使班阿里。

立友好議員聯盟，他是一位與眾不同的人。此後，經過了漫長歲月，兩國關係有了顯著的變化。日本經濟團體聯合會於二〇一四年首次訪問以色列，逐漸消除了當時的憂慮。

泰秀繼承了父親的政治遺產，外交通常以雙方的利益爲導向，但中山泰秀及正暉不僅考慮兩國利益，更發自眞心持續支持以色列，爲強化兩國的友誼關係盡力。

我在日本任職期間一直與中山密切合作。就個人而言，我認爲他相當優秀。他爲職務和國家利益盡責，也是一個非常溫暖的人。那是在東京鐵塔舉行的光明節慶典的事，活動是在寒冷的十二月份在戶外舉行，中山的兒子也參加了。當時，擔心兒子著涼的中山將外套脫下披在兒子肩上。他展現父親的慈愛與關懷的舉動令人感動。

我將從外交部退休，結束四十年的公務生涯，日本成了我最後一個駐外地。在日本得到的經驗非常寶貴。我很自豪能對兩國友誼關係的發展做出微薄貢獻，私底下也結識了朋友。其中，我認爲即使沒了職銜，也會繼續和中山當朋友，這才是眞正的朋友，對兩國來說也是無可取代的東西。或許有些人不知道，日本研究在以色列從一九六〇年代開始就很盛行。年過八十歲、曾任希伯來大學東洋學系教授的本・阿米・希洛尼（Ben Ami Shillony）著有《天皇母親》（母なる天皇）、《被誤譯的日本》（誤訳される日本）、《猶太人和日本人的神秘關係》（ユダヤ人と日本人の不思議な関係）等多部關於日本的著作，因其對日本研究的貢獻而被授與勳二等瑞寶章。

日本是第一個與以色列建交的亞洲國家。韓國是一九六二年，印度和中國是一九九二年。與日本建交將近七十年，但是和印度、中國建交還不到三十年。

可以說凡是到訪過日本的以色列人都會愛上日本的文化和人民，而去過以色列的日本人則會化身爲很好的以色列（觀光）大使，宣揚以色列的好。

日本在以色列的知名度很高，二〇一九年以色列訪日遊客是四萬四千人，近十五年來成長了四倍。因應日本的高人氣，以色列航空公司原計畫在二〇二〇年三月開通特拉維夫的本古里安國際機場與成田機場之間的直航班機，但受新型肺炎疫情影響而延期。日本訪以色列的遊客有兩萬六千人。日本人口大約是以色列的十四倍，從人口比例來看遊客數還很少，但是一旦開通直航，預計雙方的旅遊人數都將增加百分之三十。

前以色列總理班傑明．納坦雅胡於二〇一四年五月訪問日本時，發表了關於建立兩國新型夥伴關係的聯合聲明。此外，二〇一五年一月時任首相安倍訪問以色列時發表的演說具有歷史意義。以以色列和日本的羈絆爲契機，來自日本的投資也增加了。過去的五年內，兩國間重要人物的往來頻繁，以友好議員聯盟的議員爲主，多位議員和大臣訪問以色列。

日本和以色列有很多不同之處。首先，日本重視綿密的計劃和細節，傾向於花費時間做決策。另一方面，以色列非常重視速度和靈活性，所以決策果斷，不拘泥細節。我認爲正因兩國的想法差異，才能成爲獨特且積極的組合。

兩國也有共同點。重視傳統、尊敬家人、強調教育，可以說有著共同的價值觀。所以我認爲如果雙方互補，就會產生加乘作用。其中一個例子便是日本的汽車產業和以色列的新創公司之間的親和性。以色列沒有汽車製造商，速霸陸（SUBARU）在八〇年代是唯一的日本車，我的第一輛車也是速霸陸。如今，許多品牌的日本車在以色列奔馳。我們雖然不製造汽車，但擅長感測器、照相機、電子系統等領域，得益於以色列的技術革新，可以自動避開塞車和交通事故。日本主要的汽車製造商對這些創新技術非常感興趣。

日本正式邁入少子高齡化社會，作爲經濟增長源頭的消費力不斷萎縮，生產力下滑。二〇一〇年，中國的國內生產總值（GDP）超越日本。日本退居世界第三，甚至有人預測到二〇三〇年很可能會被印度超越。

以色列與日本相比，年輕人比例較高；國家面積小，和日本的四國一樣。如果認爲日本的國土很小的話，那麼以色列更是豆子般的國家。因此，考量到兩國在各種領域的合作潛力，覺得頗有意思。例如，以色列是網路世界的領導者。全球在網路安全的投資額中，對以色列企業的投資就占了百分之二十，日本和以色列也已簽署多項網路安全協議。許多以色列的網路安全專家正在與日本企業合作。

現在，日本成立數位廳等致力於數位轉型，其實以色列在八年前就實現了政府數位化，目前仍持續發展中。因此，也可以共享我們的見解。

在過去的二十年裡，日本對以色列的投資額累計已增長到超過八十億美元。二〇二〇年又大幅增加約十一億美元，在以色列高科技領域的外商投資中，日本的投資額占百分之十一・一。

我們不是日本的競爭對手。是能共享相同價值觀的眞朋友，以色列可以針對日本面臨到的問題提供解決方案。因爲這些同樣也是我們在以色列面臨的問題。只要我們齊心協力，就能加速兩國的經濟發展。

（訪談）

第五章
廣島聯合國本部×兒童未來聯合國

中山擔任外交部政務官時期，訪問非洲的學校。

在兒童未來聯合國上想說的話

二〇二一年三月二十七日。位於東京有明的室內微縮模型主題樂園「Small Worlds TOKYO」舉行的「第一屆兒童未來聯合國」會議上，看到了擔任「溝通橋梁」（Communication Supporter）的中山泰秀身影。

「你們吃早餐了嗎？大家都好安靜喔。把手舉起來吧！」約五十位來自全球二十三國的兒童參加此活動，中山用英語向一臉嚴肅的兒童們打招呼，不知不覺中眾人笑逐顏開。

「雖然有戰爭也有和平，但戰爭是有原因的，也會導致後果。今天我想讓大家思考的主題是怎樣才能避免戰爭。對大家提出的智慧並未有任何限制，有什麼想法請儘管提出。」

中山泰秀讓兒童分組，並從十七項SDGs（Sustainable Development Goals／永續發展目標）中選擇一個主題，用一整天時間討論。

讓這麼多國的兒童參與活動並不容易，除了透過外交部發通知，中山本人也聯繫了關係良好的以色列及其他非洲國家的大使館。

爲了防範新冠肺炎傳播，許多活動停辦或改成線上舉辦，這是時隔許久的面對面現場活動。因此，主辦單位和參加者直到最後一刻都在擔心是否辦得成。第二次緊急事態宣言正好於三月二十一日解除，才得以如期舉行。

中山在以「和平」爲題的演說中提到一件事，那是中山擔任外交部政務官時期在非洲尼日的經歷。

「當地在日本的援助下建了小學，作爲外交部政務官到該小學視察時，一名小學六年級的少女爲我念了篇作文。她的演講中有兩個讓我很在意的詞。一個是廣島，另一個

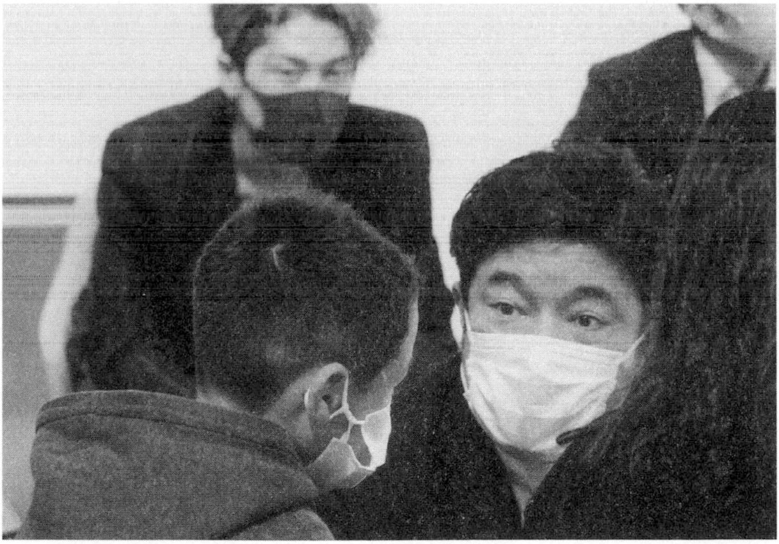

在第一屆兒童未來聯合國上和兒童說話的中山。

是長崎。在遠隔重洋的非洲大陸的少女，努力調查了日本的事。」

中山表示，提起日本，首都東京當然世界聞名，但切身感受到第二次世界大戰期間美國投下原子彈的廣島和長崎也具有歷史的和平象徵意義。

「廣島和長崎的地名是日本以無數生命換來的『冠名權』。」

中山以此爲契機提出「在被爆地廣島、長崎設立聯合國總部」的構想，「兒童未來聯合國」則是以同樣參與此構想的人擔任主要成員發起。

成立議員讀書會

二〇〇八年六月十九日，中國新聞在頭版刊登了題爲「廣島申辦國際和平組織　市民球場舊址是有力候選地」的報導，報紙頭版刊登的新聞通常是當天新聞價值最高的新聞。

該報導開頭寫道「二十日將成立跨黨派的國會議員讀書會，旨在創立負責世界各地紛爭後、建構和平的聯合國機構及國際機構，並以將其總部設在被爆地廣島爲目標。候選地有臨近原爆圓頂館的廣島市民球場（廣島市中區）舊址。計劃在九月於同市舉行的主要國

（G８）眾議院議長會議（議長高峰會）和首相福田康夫預計在聯合國大會上發表的演說中表明立場。」

當時讀書會創立的發起人，眾議院議員有中山太郎（自民黨）、綿貫民輔（國民黨）、森喜朗（自民黨）、平沼赳夫（無黨籍）、高村正彥（自民黨）、鳩山由紀夫（民主黨）、鈴木宗男（新黨大地）、杉浦正健（自民黨）、龜井久興（國民黨）、太田昭宏（公明黨）、穀田惠二（共產黨）、齊藤鐵夫（公明黨）、安倍晉三（自民黨）、岩國哲人（民主黨）、河野太郎（自民黨）、阿部知子（社民黨）、山口壯（民主黨）、笠井亮（共產黨）以及中山康秀（自民黨）。參議院議員則有矢野哲朗（自民黨）、谷川秀善（自民黨）、遠山清彥（公明黨）、山本香苗（公明黨），田中康夫（新黨日本）。

由廣島出身的中川秀直擔任創立代表，包括中川在內共有二十五名跨黨派成員集結，由中山擔任秘書長。

關於六月二十日在國會內召開的第一次讀書會，中國新聞報導指出「有十六名執政黨與在野黨的參眾議員參加。廣島縣．市駐東京事務所的職員也參加了。身為創立代表的自民黨前秘書長中川秀直（廣島四區）表示『今年將舉行主要國（G８）首腦會議（北海道洞爺湖高峰會），在二〇一〇年，聯合國將迎接六十五週年。希望以此為契機，從日本的國家戰略——和平的角度出發，成立新的機構，並希望以被爆代表地廣島作爲申辦地。』」

這個構想來自前大阪大學研究所教授（國際公共政策研究系）星野俊也。星野自二〇〇六年起擔任兩年常駐紐約聯合國總部的日本政府代表團公使銜參贊。據說，當時擔任外交部政務官的中山訪問紐約聯合國總部時，星野向他提起了在日本建立聯合國總部的構想。

緊急建言

二〇〇八年九月，受託於跨黨派議員組成的「在日本申辦聯合國、國際機構等的讀書會」，由專家組成的「思考下一代日本・聯合國關係的專家團體」（代表：星野俊也）提出了以「活用聯合國和國際組織，使日本成爲傳播與促進全球和平的基地」爲題的緊急建言。雖然已過了一段時間，但因內容具有啓發性，仍在此介紹。

在緊急建言內提出問題：「戰後，日本以絕不重蹈過去戰爭錯誤的堅定決心，建立了一個『和平國家』，實現了出色的重建、振興。現今，日本扮演著爲世界和平與發展做出貢獻的『協助和平國家』角色，表明希望完成國際社會賦予的責任。並且，日本爲國際合作做出眞誠、穩健的貢獻時，不僅注重雙邊外交，也重視在聯合國等國際機構的作用，這也是日本外交的一大特徵。那麼，在聯合國等國際機構對日本仍寄予厚望，日本透過國際機構能發揮更多具體作用的同時，是否可以利用政治上的氣勢，串聯聯合國等國際機構，在日本建立促進和平的全球活動的據點，成爲牽動輿論『風波』的發源地呢？」

也指出目前的問題點爲，「一、由於歷史背景，聯合國等機構的總部多集中在歐美（例如紐約和日內瓦），處於分布不均的狀態，即使分散在日本國內和亞太地區的機構或事務所，也缺乏有效促進合作的亞太地區聯合國的「總部」功能。二、從日本（或日本國內城市）目前承辦的各機構或活動來看，看不見日本向國際傳達的訊息。此外，在日本，沒有聯合國、國際機構或相關國家的高層聚會、NGO或專家、意見領袖等齊聚一堂，對全球議題進行固定、定期討論的集會（例如達佛斯世界經濟論壇的政治版等）。」

對於爲什麼要在日本收羅聯合國總部功能，做出的結論是，「如果將綜合日本的歷史、政策、優勢的『國格』投影到國際機構的話，那麼將有利於以『和平』、『再生』、『環境』及『人類安全保障』成爲指導原則。因爲日本是上次世界大戰中唯一遭受原子彈轟炸的國家，戰後實現了卓越的復興，邁向『和平國家』之路不斷前進的日本是向國際發聲最具影響力的關鍵字，而且對人類具有普遍意義。

當然『和平』存在著許多含義，但作爲唯一被爆國的日本，『核裁軍（核廢止、不擴散）』是能以壓倒性的說服力傳播並推動的領域之一。實際上，日本的『廣島』和『長崎』從被轟炸後的一片荒蕪中奇蹟似地展開復興和發展，實現令人刮目相看的『再生』（包含城市和國民的生活基礎設施以及自然環境）。這樣的經驗可以說具有人類歷史意義，不該被淡忘。世界和平，與發展中國家的發達以及衝突後國家重建和平的努力密不可分。開發援助是日本的外交手段中經驗最豐富的領域，日本早已將建構和平作爲政府開發援助（ＯＤＡ）的核心之一，並重點式提供援助。在廣島已實施『建構和平人才培育』計畫。日本是世界上屈指可數的援助提供國之一，與聯合國及其他相關機構合作，從全球視角建立新的『援助架構』，成爲促進構想和活動的基地相當重要。」

方法則有：硬體方面透過設在亞太地區的聯合國機構的網路化和重組，收羅常設的聯合國亞太總部（暫定名稱）。在軟體方面，一、透過聯合國大學（東京）爲首的日本國內聯合國、國際機構等的網路化，吸引機能強化並擴展功能的機會。二、吸引全球性的主要聯合國、國際機構和各國高層政治領導人、意見領袖、ＮＧＯ等齊聚一堂的全球和平論壇（特別是「閉門」會議。定期定點舉行的會議，可以想像是「東京建構和平論壇」的擴大版、閉門版，或是「達佛斯世界經濟論壇」的政治版）。

中山表示，「前首相安倍雖然積極提倡和平主義，但有些事是身爲世界上唯一被爆國的日本才能做到的。逐漸步入少子高齡化的日本，無論是在外交上給孩子們當作未來資產，或是站在聯合國的角度來看，這應該是很適合日本的機構。」

由於象徵和平的原爆圓頂館就在旁邊，具有擴散力而被提名爲申辦地的前廣島市民球場舊址一直深受廣島市民喜愛。二〇一六年五月二十七日，前美國總統歐巴馬是史上第一位以現任美國總統身分訪問被爆地廣島，在具有歷史意義的這天，前首相安倍乘坐自衛隊的直升機降落在廣島市民球場舊址，前往和平紀念公園。

這整片空間都是國有土地，位於中央公園一角的城市公園，受城市公園法管制。在結束球場的任務後，這裡被用來舉辦花卉節等戶外活動，多年來，廣島市一直考慮將其舊址打造成「市民可向全世界炫耀的空間」，也計劃從民間招募指定管理者，並委託其經營二十年。

中山表示，「雖然我認爲廣島市民球場舊址無疑地適合建立國家設施，但關於建設場地仍有其他想法。」

跟自己的故鄉大阪無關，中山從新人議員時期就一直推動該構想的理由是「仰賴集客（Inbound），根據當時情況會有很大變化。北韓發射導彈時，受到環境安全的影響，海外遊客紛紛取消訪日計劃。此次新冠肺炎的大流行導致全世界鎖國，也間接證明這點。但是，聯合國總部功能吸引的集客是固定的，不太容易受影響」。再加上「聯合國總部功能吸引的效果不只有廣島，關西國際機場所在的大阪，以及磁浮新幹線所到之處都將迎來周邊效應。」

以聯合國總部吸引的構想一度停滯，但以「兒童未來聯合國」爲契機又開始運轉。

兒童未來聯合國的展望

本章開頭所介紹「兒童未來聯合國」奠基於二〇一九年的東京二〇二〇奧運會·帕運會公認項目「BEYOND 2020 NEXT FORUM」。雖然橄欖球世界盃因新冠肺炎疫情而延期，東京二〇二〇奧運會·帕運會申辦推進委員會事業·宣傳顧問的HEADLINE社長一木廣治等人向創作家和藝術家們呼籲，二〇二〇年（因新型冠狀病毒順延到二〇二一年）東京奧運會・帕運會舉辦後，希望創造一個給日本帶來活力的「地方」。並公布五個主題，包括一、次世代娛樂，二、次世代生命科學，三、次世代人才培育，四、次世代農業、飲食，五、次世代經濟。

FORUM的發起人都很優秀，有演員別所哲也、製作熊本縣ＰＲ吉祥物KUMAMON（熊本熊）的廣播作家小山薰堂、影片分享網站「Niconico動畫」的DWANGO的橫澤大輔、表演者同時也是聯合國世界糧食計劃署（ＷＦＰ）支援者的EXILE ÜSA、新聞記者堀潤等人都在名單上。

世界著名吉他手、同時是聯合國難民署（UNHCR）親善大使的MIYAVI、堀潤和中山也加入其中。在以「次世代人才培育」爲主題，面對逐漸分裂的世界，日本作爲和平國家能爲未來的兒童做些什麼的議論中，將共享和平且認同多樣性的概念定義爲「和平交流」。而舉辦「兒童未來聯合國」便是將此概念具體化，也作爲實現未來收羅聯合國功能的前期活動。

一木是廣告公司出身，善用自己的人脈網，擅長解決難題。因爲是「聯合國」，提供中山申辦聯合國總部功能這個構想來源的星野，當時在紐約以日本駐聯合國代表部大使（現任大阪大學研究所教授）的身分，線上參與討論，並針對活動提出了自己的想法、決定細節。

在二〇一五年的聯合國高峰會上通過的SDGs，期望在二〇三〇年之前，以永續發展實現更美好的世界，並以參加SDGs爲題的二〇二五年日本國際博覽會（大阪・關西萬博）爲目標，每年舉辦「兒童未來聯合國」。

話題轉回第一屆兒童未來聯合國當日。

由「了解」、「思考」、「傳達」的三個部分組成，第一部分是兒童決定各組主題，第二部分以「希望二〇三〇年的世界變成怎樣」爲課題，用樂高積木建造未來城市。出現了「自動撿道路垃圾的機器人」、「爲了解決撿垃圾的童工問題設置垃圾收集箱」、「在超市和便利商店設有能理解多語言的機器人」等個性十足的創意。第三部分是以小組形式發表自己的「理想未來」。展示了從以自然和動物等「環境」爲主題，到

兒童聯合國會場樂在其中的孩子們。

以性別、童工等「人權」、以和平和友情爲焦點的理念、兒童可輕鬆上學的城市、爲了健康而充滿跳繩和音樂的城市等計畫。

在這項企劃中從小學生募集到的設計，製作成讓每一個人都幸福的城市象徵的「SDGs和平交流塔」，放在用來舉辦兒童未來聯合國的會場「Small Worlds TOKYO」。設計奧運會新國立競技場的建築師隈研吾以評審員身分選出的大獎和二獎的設計也在當天公布。還有MIYAVI的音樂會，讓參加活動的兒童們非常開心。

徵學制

中山在提出申辦聯合國總部提案的同時，還提出了只要願意，隨時都可以到海外留學的「徵學制」政策。

「徵學」一詞雖然會讓人聯想到「徵兵」，但有義務的不是國民，而是國家。這是國家補助包括機票和學費在內所有費用的制度。預計在國內設立招生辦公室，如果通過，無論是五十歲還是十五歲都有機會出國留學。

「首先，想創造機會平等。我想改變目前無論家境富裕與否、就業後公費留學等，只有極少數人可以留學的現狀。」

早在新冠肺炎疫情擴散之前，年輕人已變得內向，不再出國。雖然可以透過網路獲得資訊，但中山切身感受到在海外實際體驗的好處不僅在於培養語言能力，還可以從外俯瞰自己的國家。

中山的留學經歷是在他高中時期，前往就讀位於法國阿爾薩斯地區金蔡姆的亞爾薩斯成城學院。

決定去法國留學是巧合。中學三年級準備升學考試時，母親送他去書店尋找參考書，中山爲了紓壓，隨意翻閱架上書籍時，發現了介紹海外學校的書。倫敦的立教英國學院等三本海外學校的書中，其中一本就是亞爾薩斯成城學院。

中山回憶當時「如果考上正好會在成立這年入學。當時正值泡沫經濟時期，美國西海岸是熱門的大學留學地。高中到法國留學的人卻很少，我認爲這將成爲政治家生涯中有趣的經歷。」

據說，與正暉商量時得到的回應是，「你的人生你自己決定」。

「如果現在女兒對我說了同樣的話，我不知道能不能像那樣成全她……只能說我很感激父親。」

中山在亞爾薩斯成城學院高中部建校那年入學，在法國東北部的鄉村度過高中生活。在歷史悠久的歐洲歷經青少年的過程，對中山來說是筆巨大財富。

第六章 生於政治世家

父親中山正暉的街頭宣傳車，在喇叭前的海報上是兩歲的中山泰秀（一九七二年）。

邊看邊模仿

祖父中山福藏在戰前成爲眾議員，戰後當上參議員；祖母瑪莎在戰後成爲眾議員，並當上厚生大臣，成爲首位女性內閣成員；伯父太郎是前外務大臣；父親正暉當過十一屆眾議員。作爲大家公認的政治世家的長子，中山泰秀誕生於一九七〇年。

「從我懂事以來，就覺得自己出生在政治世家。」

在大阪市東淀川區的家中設有會客室，經常可以聽到拜訪父親正暉的客人在一旁陳情。當母親忙不過來時，泰秀會有樣學樣地用盤子盛上紅茶或茶、餅乾給客人。

當訪客時間重疊時，下一組客人會在洋式會客室旁邊的和室等候。接待等待中的客人也是泰秀的工作，容易親近的泰秀深受客人疼愛。一整天人來人往，當時認爲那是理所當然的。不僅在自己的家，夫妻都是國會議員的祖父母家也經常有人進出。後來才知道這是不尋常的事。據說，看著賓客如雲的景象是中山泰秀第一次認知到自己出生於政治世家的事實。

一九六九年首次當選眾議員的父親與時任首相的田中角榮一起在JR大阪車站前進行街頭演說時，掛在宣傳車喇叭前的照片中，出現了兩歲的泰秀。沒想到年僅兩歲就開始參加競選活動。

現場演說會

穿著短褲的泰秀，出現在父親正暉的選區中大阪市東淀川區，市立豐里小學舉行的現場演說會上。

當時候選人雲集，正暉高聲吶喊時，擠滿體育館的聽眾也跟著情緒沸騰。父親發表演說的模樣，讓當時還是孩子的泰秀相當感動。

泰秀九歲時，在大阪二區（中選舉區，應選五人）選舉中，除正暉之外，自民黨的前田治一郎、日本共產黨的東中光雄、社會黨的井岡大治、公明黨的淺井美幸等人也名列其中。候選人各自發表演說。

「撇開他是我父親這件事不談，父親的演說出類拔萃。看到選舉中父親的樣子，讓我非常興奮。」

一九四八年引進的現場演說會，由於參加人數減少以及電視開始播放政見發表會等因素，於一九八三年廢除。

泰秀雖然充分活用Facebook、Twitter等ＳＮＳ功能，但他表示「取消現場演說會後，選民無法在親自聆聽候選人演說的情況下投票，這點令人遺憾。在我小學時，能體會到見證候選人發表熱情演說時的興奮感，真的很有意義。」

有段難能可貴的回憶是，一九七九年總選舉時在正暉的個人演說會上，時任首相大平正芳意外到場助選。當時泰秀只有九歲，有一張和大自己五歲的姐姐貴美子一起遞花束給大平的照片。

泰秀回憶道，「首相的車是初代Century，車體上有紫色標記，孩童時期非常崇拜首相。」

對愛車族的泰秀來說，經過防彈處理的Century就是首相的象徵。

祖父福藏曾任土耳其的第一任名譽總領事，福藏的車上掛有日本國旗和土耳其國旗。當時只記得有土耳其國旗的就是祖父的車。

「與其說從什麼時候開始想成爲政治家的，不如說像是早已深深刻在我的ＤＮＡ上。」

父母都是國會議員的正暉，也就自己成爲政治家一事表示，「作爲瑪莎的接班人我從同一選區的選舉出發，但與其說是決心成爲政治家，不如說是自然而然地就成了政治家。」

通情達理的政治家，福藏與瑪莎的相遇

回顧泰秀的根源，祖父福藏的人生。

福藏於一八八七年出生於熊本縣。由於父親早逝，後來搬到了母親的出生地鹿兒島・志布志。就讀於長崎縣的鎮西學館（現・鎮西學院），第二年轉入舊制大阪府立富田林中學，又轉學到舊制奈良縣立郡山中學。成績優異的福藏在就讀鹿兒島縣舊制第七高中造士館以及東京帝國大學法學部時，同時擔任家庭教師。大學畢業後雖然通過司法考試，但他不想在法庭上和同學爭論，於是決定在度過了學生時期的大阪設立律師事務所。

泰秀從正暉那裡學到兩句福藏的話。

一句是「世界的未來取決於非洲」，另一句是

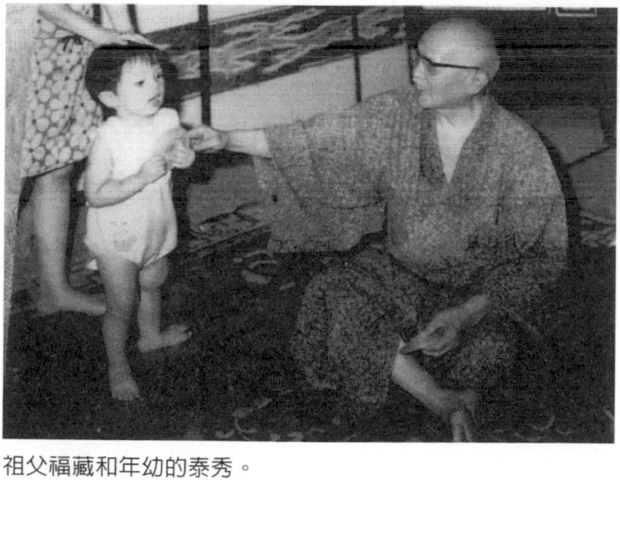

祖父福藏和年幼的泰秀。

「愛護大自然，否則，大自然將對人類反撲。」

熱愛大自然的福藏，有著強烈的獨立精神，就讀東大期間曾休學跑去婆羅洲島幫忙經營橡膠園的叔叔。他主張自己是「大自然主義者」，福藏很有遠見地意識到現今所謂的生物多樣性，以及非洲有著應受全人類尊敬的價值，特別是爲了地球環境這領域。

福藏立志成爲政治家，但他的政治家之路並非一路平順。經歷過落選，就在那時，由佐賀藩士出身、擔任大隈重信首相秘書的川尻正修牽線，與瑪莎結婚。瑪莎爲了讓無黨籍而立志成爲政治家的福藏當選，前往當時兩大政黨之一的立憲民政黨大阪事務所申請福藏的公認推薦。得到民政黨的公認後，在第十八屆眾議院大選中福藏以最高得票數當選。更連續於第十九屆、第二十屆當選。但是，隨著大時代進入戰爭，反骨的福藏步向荊棘之路。

所謂的反軍演說

兵庫出身的政治家齋藤隆夫於一九四〇年二月二日在眾議院全體會議上針對中日戰爭（八年抗戰）的過程提出質疑（又稱爲「反軍演說」）。在決定齋藤紀律處分的議會指導委員理事會上，擔任會議主持人的福藏唱反調地說：「我是律師。即使被告人被判死刑，執行死刑前也會給予緩刑期。就算演說內容有違內閣方針，但短期內立刻將他除名這樣不對吧。難道不會被外界認爲是法西斯主義嗎？」

除名表決和現在一樣，只要眾議院贊成票達到三分之二，就會被褫奪議席。在三月七日進行的除名表決中，福藏爲了表達自己的信念而選擇棄權。

被陸軍大臣東條英機盯上的福藏，在國會走廊上被抓住手臂說「就因爲有你這種人」，也未能獲得所有政黨加入的大政翼贊會推薦。一九四二年舉行的第二十一屆大選，沒被大政翼贊會推薦的議員，遭受根據治安維持法發布的緊急敕令而設立的特別高等警察（特高）的政治性鎮壓和騷擾。福藏也在舉行個人演說會時，遭手持軍刀的特高突然闖入，高喊「取消！取消！」進行妨礙。選舉結束後，應該早已寄出懇請推薦的明信片被粗繩綑綁後放在門口，明信片上被仔細地一一蓋上「查無此人」的戳章。

因爲福藏身爲眾議員而未被逮捕，但是他感覺人身安全受到威脅，在寢室內將已拔鞘的日本刀隨時放於枕邊。簡直就是命懸一線。

因爲反軍隊，地區的負責人不予發行糧票，無法獲得糧食。靠著擔任律師時期顧客的幫助，和黑市的米勉強維持生活。

泰秀表示，「父親（正暉）是六人兄弟，但因營養不良和腳氣病死了兩人，剩下四人。福藏和瑪莎這段日子應該過得很艱難吧。」

福藏在戰後連任三屆參議員，七十八歲退休。一九七八年去世，享年九十一歲。已故的福藏法名是「盡政院釋自然」，據說其中蘊含著作爲大自然主義者對自然的濃厚情感，亦是福藏的生存之道。

瑪莎，女性政治家的先驅

身爲女性政治家先驅，同時也是歷經明治、大正、昭和時代的動亂中生存下來的前衛女性之一的瑪莎，一八九一年出生於長崎縣。由於母親凱產後身體欠佳，由凱的姐姐飯田娜卡收養。飯田娜卡生活富裕，瑪莎因而進入長崎的名校——教會學校活水女子學校（現在的活水學院）就讀。

根據《早期・活水學院的三個女孩與近代日本——神近市子・中山瑪莎・北島豔走過的路》（原文，初期・活水学院の三人の娘たちと近代日本—神近市子・中山マサ・北島艶の歩んだ道，森泰一郎著，現代社會學紀要十二卷一號）介紹，在明治時期的近代化過程

中，英美的基督教各派派遣傳教士到日本，力圖使日本基督教化，並為了培育青少年而設立學校。特別是將不受政府重視的女子教育視為重點，先後設立了Ferris女子學校、海岸女子學校（現．青山女子學校）、立教女子學校等。各教派也在長崎設立神學院。衛理公會婦女海外傳教協會（WFMS）派遣後來成為活水女子學校創始人的羅素女士和吉爾女士，於一八七九年，成立了僅有一名學生的女子學校——活水女子學校，該學校的教育方針是「盡最大努力教導女子成年後必須做的事」。聖經、地理、物理、拉丁語、歷史、音樂全以英語授課的寄宿制學校，由羅素女士等人負責除國語以外的所有授課，可見學術水準極高。

其中，瑪莎培養了卓越的英語能力。完成中學課程後，曾任該校校長的楊女士向瑪莎提出赴美留學的邀請，據說養母娜卡也是背後推

中山瑪莎。

手。

明治時期，許多年輕人懷著肩負國家重任的雄心大志，踏上海外留學之旅。瑪莎也在一九一一年，恰逢楊女士臨時返國之際，一同乘坐郵輪前往美國。在俄亥俄州著名的衛理斯大學預科學習一年後，於一九一二年成爲正式學生，主修英語文學。四年畢業後取得文學學士資格。優秀的瑪莎回國後在母校活水女子學校擔任英語教師，同時兼任活水女子專門學校的教師。作爲一名英語教師，瑪莎總是朝氣蓬勃、表現活躍。

與福藏結婚改變了她的人生。一九二三年，三十二歲時嫁給了在大阪的福藏。福藏雖然參加選舉，但兩次都落選，好不容易得到民政黨的公認，在第三次參選時當選，其背後功臣便是瑪莎。

據《長崎的女人們》（原文：長崎の女たち，長崎文獻社出版）和《先驅者的肖像　開拓明日的女性》（原文：先駆者たちの肖像　明日を拓いた女性たち，多梅斯出版）介紹，民政黨大阪支部長描述福藏的助選員瑪莎像是匹「烈馬」。在當時助選員還很罕見的年代，有著西方面孔的女性在街頭發表演說更是引人注目。

但太平洋戰爭時期對瑪莎來說是個考驗。福藏不僅被軍隊盯上，選舉還受到無法獲得推薦的阻撓，而精通外語的瑪莎被懷疑是間諜。要不是因爲福藏是議員，很有可能跟瑪莎一起被關進監獄。

瑪莎在戰爭期間吃盡苦頭，但戰後因精通英語反而受到重用。戰後，瑪莎參加了第二十三屆眾議院大選並當選，這是女性獲得參政權後的第二次選舉。當時夫妻倆都參選，但福藏卻落選了，喜憂參半。

據說瑪莎在吉田茂內閣時期，因語言能力得到吉田賞識，陪同參加《舊金山和約》的簽署儀式。

福藏和瑪莎也致力於幫助戰後瀕臨廢校危機的學校得以延續。

西日本歷史最悠久的小學——私立大阪偕行社附屬小學（現·追手門學院）原本是軍人子女就讀的學校，戰爭時隸屬於第四師團，因此，戰後ＧＨＱ（駐日盟軍最高司令官總司令部）計劃要廢校，但在精通英語的瑪莎和戰爭時反對軍隊方針的福藏努力下，如今學校依舊存在。在出售校舍時，受學校委託擔任法定代理人的律師福藏費盡心力，因此福藏和瑪莎兩人的照片被刊登在追手門學院的小學百年史中。

泰秀亦是追手門學院的第九十四期生，其長男和長女也就讀該校。

成為首位女性內閣成員

瑪莎五十六歲時成為眾議員，第四次任期時出任厚生政務次官（相當於衛生部副政務官），在一九六〇年七月第一屆池田內閣時，被任命為厚生大臣（相當於衛生部部長），成為首位女性內閣成員。

據泰秀透露，以大臣的身分第一天上班時，瑪莎和記者的對話相當有趣。

記者：「您是池田內閣中的第一號女性大臣。」
瑪莎：「幸好不是二號。」（二號隱喻小三）
記者：「對被任命為大臣有何感想？」
瑪莎：「這是瑪莎（まさか／眞的）嗎？」（「瑪莎」與「眞的」的日文發音相同。）

「二號」的玩笑話若放在現代可能會遭到白眼，但大阪式幽默的機智對話中體現出瑪莎的個性。

瑪莎擔任厚生大臣的時間雖然只有短短的五個月左右，但在提升社會福利方面極爲用心。《先驅者的肖像》中寫道，瑪莎在任內推出的「衛生白皮書」中主張「比起防衛費，應該將重點放在生活扶助費上，增加福利預算，我國在社會保障的支出與歐美相比實在少太多了。」

爲了控制當時流行的小兒麻痺症，從美國、前蘇聯緊急進口疫苗，還實現了單親家庭的兒童福利金。在風氣自由的長崎教會學校裡，培養出來的人權意識正在萌芽。

「祖母的人生充滿戲劇性。」瑪莎是讓泰秀引以爲傲的祖母。

泰秀和中山瑪莎的雕像。

沖繩縣民如此抗爭

從小看著父親背影長大的泰秀，繼承了某些事情。

那是在泰秀十五歲時的事。

「十五歲在古代是代表成年的元服之年，要不要我們男人們一起去旅行？」正暉如此問道，旅行目的地是沖繩。

對於泰秀來說，這是他第一次去沖繩。想到可以在海裡游泳就天眞地高興起來。入住的是度假村飯店的先驅者——恩納村的萬座海濱酒店（現・全日空萬座海濱洲際酒店）。抵達那霸機場後，坐上計程車以爲會直接前往飯店，但正暉告知司機的目的地卻不一樣。

「司機，請到摩文仁之丘。」

據說，沖繩在太平洋戰爭時，當地居民被捲入地面戰爭，造成二十萬人喪生。在摩文仁之丘所在的糸滿市和平祈念公園內，設有各縣悼念沖繩戰死者的慰靈塔。這裡亦是日本陸軍的最後一個司令部，也是牛島滿中將等人自殺的地方。

泰秀的首次沖繩之旅成了一趟遊覽戰跡的旅程，精通舊假名文書和歷史的正暉向泰秀一一說明。

其中，有一個戰壕令人難忘。引起沖繩反感的前日本軍中，海軍中將大田實是爲數不多受到縣民愛戴的日本軍之一，位於豐見城市的舊海軍司令部壕，便是大田中將用手槍自殺的地方。

有一封陳述沖繩縣民陷入困境的著名電報。

「沖縄県民斯ク戦ヘリ
県民ニ対シ後世特別ノ御高配ヲ賜ランコトヲ」
（譯：沖繩縣民是如此抗爭的，希望給予縣民特別關照）

這趟旅程中只有最後一天，像是眞的度假般去了海邊。這次沖繩之旅中，正暉向泰秀傳達兩件事。

「泰秀，日本人如此享受大海的度假勝地，大多是士兵戰死的地方，在玩樂之前先去慰靈一下。」

另一件事情是，「成爲政治家後，如果沖繩提出請求的話，說一要給二，說一百就要給兩百。」

「沖繩是當地居民因捲入地面戰而犧牲許多性命的地方，要報答當時的恩情。」這是正暉對沖繩的信念。

泰秀正在實踐父親的教誨。

長女十五歲時，和當時正暉一樣，帶她去了沖繩。但不是單獨兩人而已，泰秀同時也帶了長子及妻子，一家四口一起遊覽戰跡。

泰秀也像當年正暉那樣，在戰壕裡解釋了大田中將的電報。

「大君の御はたのもとに死してこそ人と生まれし甲斐ぞありけり。」（譯：如果能爲天皇陛下戰死，那麼作爲日本人出生是值得的。）

舊海軍司令部壕的牆面上還留有自殺所用的手榴彈痕跡，以及大田中將留下的愛唱歌謠。聽完泰秀的說明後，兩個孩子自然而然地雙手合十。

在舊海軍司令部壕内雙手合十的中山之長子及長女。

「我並沒有教他們這麼做……，只是感受到我父親的教育傳承給我子女的瞬間。」

母親晴美也從小就帶泰秀到東京靖國神社，並爲他讀了在社殿旁公開的，爲祖國奉獻生命的特攻隊員之遺書和書信。由於刊物每個月會替換，所以每次都會詳細爲泰秀說明包括背景的文字，泰秀現在也對兩個孩子做同樣的事。

「感謝爲國捐軀的英靈。」

父母的教誨塑造了現在的泰秀。他深刻理解熟知歷史，以及從誰學來的重要性。

清澈的大海，在帛琉學到的事

中學時，正暉帶泰秀去了南洋群島的帛琉。那是比造訪沖繩更早的事情。

由多個島嶼組成的帛琉面積爲四百八十八平方公里，與日本屋久島的面積差不多。擁有世界上清澈度最高的海洋，是潛水的聖地。正暉對泰秀說，「日本人造訪的度假勝地是戰爭的舞臺，許多士兵在此喪命。」這裡也是很多日本士兵戰死的地方。

帛琉與日本間的歷史相當深遠。

西班牙艦隊在十六世紀左右航來，一八八五年開始殖民統治，一八九九年淪爲德國殖民地。明治政府認爲，日本的人口遠大於生產力，主張必須跟上移民和歐美殖民地的趨勢，提出了「南進論」。一九一四年，第一次世界大戰開始後，結成日英同盟的日本向德國宣戰。日本派遣海軍令德國投降，之後占領了密克羅尼西亞、塞班、土魯克（現・楚克）、帛琉等南洋群島，進行了委任統治。

一九三九年第二次世界大戰開始時，南洋廳所在地的首都科羅是海軍的重要作戰基地。帛琉群島之一的貝里琉島成爲激戰地之一，日本駐軍僅一萬人，對抗總兵力多達四萬兩千人的美軍。在長達七十四天的戰鬥中，運用地下壕溝作戰的日本駐軍徹底瓦解，陣亡人數達一萬人。倖存下來的三十四名戰士在終戰後的兩年內仍繼續戰鬥著。由於軍方疏散了島上的居民，所以居民的傷亡較小。該島曾接受過日語教育，現在仍是可理解部分日語的親日之島。

戰後一直持續著慰靈之旅的明仁上皇、上皇后陛下於二〇一五年四月在島上和平公園內的「西太平洋戰歿者紀念碑」上獻花一事，至今仍記憶猶新。聯合國授權美國託管，一九八一年，自治政府的帛琉共和國成立。帛琉有權處理內政和外交，而安全保障則由美國負責，雙方達成了自由聯合協定。在核軍備競賽的美蘇冷戰時期，作爲核潛艇補給基地，對包括帛琉在內的南太平洋島嶼展開爭奪戰，泰秀父子到訪的一九八五年正處於此漩渦中。

正暉訪問帛琉時受到熱烈歡迎，泰秀也一同會見了母親是日本人的首任總統哈魯奧・雷梅利克。那是一段愉快的南國島嶼回憶，但就在返回日本五天後，總統被暗殺了。

泰秀說，「當時在太平洋海上運輸線防禦中，美國認為民主主義的堡壘是從阿拉斯加到鄂霍次克海、日本的北海道到沖繩、菲律賓以及帛琉。當時蘇聯為了阻止建設核潛艇停靠港，吸引泡沫經濟前的日本資本、開發飯店讓帛琉成為觀光大國、採取以軟體建設的觀光誘發反對基地活動的戰略。」泰秀在中學時期就曾目睹過圍繞著國家利益的陰謀。

帛琉的繼任總統也同樣暴斃。接連發生政變的帛琉在一九九四年結束被聯合國託管的身分，與此同時加入了聯合國。

「在我訪問當時的帛琉可能和沖繩的情況差不多。」泰秀造訪帛琉時，當地居民公投通過了不引進美軍核武器的無核憲法，在港口豎起用日語寫的「不允許美國核潛艇 自治勞動團體」的招牌。美麗的島嶼成了意識形態交鋒的激烈舞臺，這一點深深烙印在泰秀的心裡。

第七章
珍貴的企業經歷

任職於PASONA時，訪問受災地的中山。

成爲廣告人

中山泰秀有兩次民間企業經歷，廣告公司電通以及人力資源管理公司PASONA（一九七七年成立於東京的跨國企業，同時也是全世界最著名的人事管理顧問公司之一）。把電通作爲目標是因爲美國總統約翰．F．甘迺迪的一次採訪。當記者詢問「總統，如果沒有當上總統的話，您現在會做什麼？」甘迺迪回答，「我會成爲世界頂尖的廣告人。」那是中山就讀成城大學三年級時，正好是要確定畢業後的出路，開始找工作的時期。中山心想，世界頂尖的廣告人是什麼意思呢？甘迺迪到底想傳達什麼呢？

廣告公司受客戶委託設計方案、製作電視廣告等富有創意的作品，達成促進產品銷售的效果。當有獲利時，客戶會回饋利潤、投資廣告公司，這樣的經濟循環也爲廣告公司帶來營收。

在政治上，客戶是選民也是國民。選民以稅金僱用國會議員，政治家則透過立法、外交、社會福利、基礎建設等政策回報選民。若被選民認同，內閣得到信任，支持率就會上升，議員就能再次當選，內閣則繼續獲得支持。

「廣告界的循環與政治的循環一樣。」

中山因而決定進入廣告界。業界排名第一的是哪裡？就是電通。營業額達一兆日圓，居世界首位。但是，電通是大學生就業熱門企業，並不容易進去。

首先，中山拜訪了一些大學的ＯＢ（畢業校友），打電話給學長約好在咖啡廳見面。當時還沒有網路求職的方式，所以在電通專用的履歷書上寫了自我推薦信及求職動機，請學長幫忙確認。

「履歷書的修訂非常嚴格，讓我的自信心大受打擊。」

必須將至今二十二年的人生濃縮在五乘五平方公分左右的表格內，雖然只不過是二十二年，但也不能小看這二十二年。中山一邊自我探索一邊修改。

在面試前，中山詳細閱讀了電通的企業宣傳手冊以及徵才條件，並且將刊登在手冊中照片的人名和長相牢記在腦海中。

面試當天走進會場，看到了一張熟悉的面孔。那是刊登在宣傳手冊上，並寫著隸屬法國電通公司的人。

中山的高中三年是在法國阿爾薩斯地區的成城大學宿舍制學校度過的，當然履歷上也有提及。

當面試官詢問中山關於法國留學的問題時，中山甚至明確地道出對方姓名「您是在法國分公司的某某先生對吧？」

這個面試的結果非常成功。

「或許被認爲這傢伙能派上用場了吧。」中山成爲二百零八名合格者之一。

電通的研修相當獨特，是從攀登富士山開始，分成十人一組，由兩位前輩擔任隊長和副隊長。最後要款待隊長時，被他們命令道「絕不能輸給其他組。」

「好，就讓我們成爲傳說吧。」

生於超級跑車世代的中山，善用愛車

任職於電通新人研修時期，參與慣例的挑戰富士山攻頂。

迷的人脈網，無償借來一輛泡沫經濟時期要價超過兩千萬日幣，內飾採用卡地亞座椅的豪華禮車Carat Mercedes。下班後，中山開車送前輩到慶功宴會場迎接社長。

「前輩們說，從來沒見過以這種方式完成艱鉅任務的新人。」正如前輩們預期，周圍的人全都目瞪口呆。

HEADLINE社長一木廣治記得在電通工作的熟人向他介紹泰秀時說「公司來了個政治家的兒子，那傢伙超瘋狂的，很有意思。」

在電通，政治家的子女並不罕見。當時，包括中山在內共有四名國會議員的兒子在職，但中山是最引人注目的。

六個月後從電通畢業

雖然中山很享受在電通的日子，但從研修結束後他便覺得哪裡不太對勁。

邊工作邊學習的在職訓練「On the job training（ＯＪＴ）」時期，帶領他的前輩苦惱於自己的工作，在迷惘中工作著，不會熱心指導後輩，讓中山處於無法淋漓盡致發揮的煎熬。

有一天，來自地方的兩名客戶到電通總公司洽談「我想在家鄉做一些有趣的事情。有沒有什麼好點子?」，由前輩和中山負責接待，前輩中途突然起身並說「我馬上回來」就離開了，會議室裡只剩客戶和中山，但前輩卻一直沒回來。起初，中山只是閒話家常，但漸漸沒有話題可聊，於是中山決定闡述自己的想法。

當時J聯賽（日本職業足球聯賽）正值創立初期，並沒有像現在那麼受歡迎。

「貴公司要不要試著贊助J聯賽呢?到時候可以蓋一座全天候營運的足球場。」

中山在法國念高中時，曾加入當地的足球隊。中山向客戶說明，當初足球隊使用的足球場更衣室裡，張貼了當地出身的職業足球選手米歇爾．普拉蒂尼（Michel Platini）的等身照，包括中山在內的足球少年們都憧憬著「希望有一天能像他一樣」，並努力練習，而足球場也成了小學生、中學生等不同世代之間的交流處。

「在歐洲，球場亦是商業化設施。將一天以時段劃分使用者，白天是小學生、晚上是社會人士，全天二十四小時運轉，提高利潤，並且對地方也做出貢獻。」

建造一個設有天文館的全天候營運的體育場，讓來踢足球的少年們在天文館裡學習天文，並在晚上可以實際觀賞夜空的體育場如何呢?雖然時間短暫，但客戶興奮地聽了中山熱情的提案，並情緒激昂地說「我會向社長報告的」。可是，最後卻被前輩訓斥了一頓，讓中山感到相當無力。

「因爲沒有被分配到自己期望的創意部門（製作廣告等的部門），加上父親辦公室的秘書剛辭職等因素，決定辭去工作。」本來計畫至少工作三年，然而就在進入公司那年的十月，也就是大約只待了半年就離開。

在電通時期，有過一次由中山私下策劃並大獲成功的活動。雖然當時泡沫經濟已經破滅，但MAHARAJA等大型迪斯可舞廳依舊盛行。那時包下了位於東京港區某處七層樓的大型迪斯可舞廳「芝浦GOLD」，以進入媒體工作第一年的年輕人爲對象，企劃了一個「只要是同期生，想邀請幾個人都可以」的活動。活動取名爲「まぐわい」（MAGUWAI，有情交之意），刻意取了個頗有深意的名稱。

在新人研修中負責指導中山的小組領導人，電通的二十年前輩大谷秀仁說，「研修的最後一天，他（中山）用加長型禮車送了我一程，中山不僅很有業務天份，而且性格開朗，非常適合廣告業界，如果繼續留在電通應該會發展得很好，可惜不到一年就辭職了，我覺得很遺憾，溝通能力是廣告人與政治家的共同點，希望作爲政治家能盡情發揮這份特質。」

第二次的企業經歷，與PASONA的相遇始於健身房

二〇〇三年眾議院選舉大阪四區的選戰，中山以比例復活的方式（採取小選區和比例代表雙軌制度的日本，允許議員同時登記地方和比例代表，因此在各政黨的比例代表和地方參選名單上，經常會出現大幅度重疊，藉此防止候選人意外落敗，還能保有復活的機會）首次當選，其後在二〇〇五年，小泉純一郎前首相突然解散國會後的郵政選舉中，中山以懸殊票數大勝對手，但在二〇〇九年的第四十五屆眾議院選舉中落選。當時民主黨取得壓倒性的勝利，實現了政權交替；就在那時，中山決定進入很有緣的PASONA。

與PASONA集團代表南部靖之的相遇，要追溯到十八歲、大一那年。

中山在常去的麻布十番的健身房，經常在更衣室裡偶遇南部。但這是不談公事的更衣室，當時只有感覺到「常看到這個人」而已。

有一天，在更衣室裡，南部用大阪腔開口問道。

「你還是學生吧？這裡的游泳池是單向道嗎？還是來回游同一個泳道？」

「是單向道喔。」中山回答。

「噢，太好了，因爲不好意思問人，幸好有問你，謝謝。」

那是第一次的對話，而且在不知道彼此身分的情況下又過了一段時間。

兩人再次親近的是因爲仰臥推舉，當時一名男教練問，「健身房有比賽，你可不可以參賽？」

雖然沒什麼興趣，但教練熱情地勸說「大家都會參賽」，只好參加了。比賽也只是將自己推舉的公斤數記錄下來並張貼在牆上而已。牆上只有中山和另一個「南部」的人名，中山每隔一天就會去健身房留下記錄。

比賽的最後一天，那個在更衣室向中山詢問泳道問題的男士也在場。

「原來是你呀，今天來決一勝負吧。」

當初說有很多人參加的大賽，其實只有中山和南部參賽。雖然被教練騙了，但也來到比賽的最後一天。以現場比試推舉的重量決定勝負，結果中山以〇・五公斤的微距贏了南部。

中山覺得，「現在回想起來，南部先生是不是故意輸給年輕人，爲了留給我一個夢想？」

那時中山也還不知道南部的身分，直到大三才知道的。結束求職活動後穿著西裝順道來健身房的中山，在電梯裡和南部巧遇。

「總是隨便穿穿的你今天竟然穿起西裝，怎麼回事？」

「今天因爲求職活動，拜訪了畢業的學長。」

「是嗎，很努力啊。」

主動搭話的南部將自己公司的名片遞給中山，公司名稱是PASONA前身的Temporary Center。

過了一陣子，中山和南部又再次在電梯相遇。

「前陣子非常感謝您向我搭話，託您的福，我順利找到工作了。」

「太好了，決定去哪裡就職？」

「是電通。」

之後，兩人談起家人和出生地，曾和正暉（泰秀的父親）見過面的南部也邀中山參加他的公司內部的學習會，從此兩人變得親近。「與南部先生的友誼從健身房開始，對我來說他就像是年紀稍長的哥哥一樣。」

當時，南部與被他譽爲「人生的三位導師」之一的寫實文學作家石川好，每個月會舉行一次名爲「石南會」的學習會（從石川和南部的名字裡各取一字命名的聚會），中山從學生時代起就有參加。

作爲代表助理所學到的事

「從現在開始，好好了解對政治最重要的就業和經濟吧。」進入公司後，中山作爲代表助理參與各種企畫。

PASONA是南部爲了幫助主婦再就業，從新創起家的人力資源管理公司。成爲「新進員工」的中山，接受了約三週的員工訓練，當時向在PASONA註冊的派遣員工（臨時員工）詢問了加入的理由。

「因爲有育兒、看護等的需求，想找符合我生活方式的工作。」

「派遣員工」給人的印象通常是，想成爲正式員工但還無法如願的人，但是中山遇到的，很多是以看護等家庭情況或想做自己想要做的事情爲由，希望做可以由自己決定每日工時的工作。

當時的經濟環境不佳，二〇〇八年，美國發生雷曼兄弟破產事件後，全球爆發金融危機，經濟嚴重衰退。二〇〇九年剛從谷底復甦，但當年十月希臘債務問題爆發，全球經濟再度失速，日本也受此影響，從二〇〇八年中期開始國內生產總值（GDP）出現負成長，日經平均指數也在二〇〇九年三月跌破至七千附近，大學生面臨就業寒冬。

中山雖然落選，但家鄉的老奶奶們幾乎每天都會到中山的辦公室找他，希望他能幫剛畢業卻找不到工作的孫子「想想辦法」，經濟已惡化到這種地步。

中山感覺就業制度存在缺陷，從學校畢業後沒找到工作的人，就成了待業人士。

「在履歷表上如果有過待業期的記錄，通常就會被企業招聘負責

於震災地松島市舉行迷你演唱會。

人視爲是吊車尾的。雖然客套話都說畢業後的三年內會被當作應屆畢業生看待，但與最新一屆的畢業生相比會變得不利。」

爲了解決職涯規劃問題，PASONA從二〇一〇年開始實施了以未就職的應屆畢業生爲對象的「Fresh Career員工制度」。

最長可在PASONA或PASONA的合夥企業（客戶）工作兩年，並提供免費培訓，以培育出社會所需具備的技能。

社會人士應有的禮儀、電話對應、名片的交換方法、自我介紹方法、電腦技能、發聲方法……等，培訓內容廣泛。

中山被任命爲培訓單位的校長，負責講授政治。「一般來說，新進員工會有試用期，企業對新進員工提供培訓，但這部分由PASONA接手。當我向合夥企業推薦實際從事工作兼參與Fresh Career員工制度的員工時發現，由於接受過培訓，已經具備了實務能力，因此不少人直接被企業雇用成爲正職員工。」

中山向前來求助的奶奶介紹該制度後，她高興地說多虧參加了這個制度的培訓，讓孫子的面試技巧提升，順利找到工作。

東日本大地震後的工作媒合

二〇一一年三月十一日發生東日本大地震，在這場史無前例約有兩萬兩千人罹難失蹤的大災難中，PASONA集團派遣員工到災區，除了提供救援物資等支援活動外，也著手於創造工作場所的事業。

關於災害應對，借鑒一九九五年一月十七日阪神大地震時的經驗，當時，PASONA全公司總動員，運送救援物資以及派義工到當地協助。南部當時住在美國，因公到義大利出差時得知了故鄉神戶的受災慘狀。

在地震發生三天後來到災區的南部，針對因工廠、辦公室、店鋪受損導致失業的數十萬名災民開設了免費的就業諮詢「PASONA Work Rescue」，爲了創造就業機會，在神戶臨海樂園的西武百貨舊址蓋了大型商業設施「Harbor Circus」，作爲神戶復興事業，設定了五年內創造五萬人就業的目標。

東日本大地震時也出現與阪神大地震類似的問題，在海嘯重災區裡的工廠等設備被沖走，災民失去了工作場所。然而，有些倖免於海嘯的工廠卻因災情失去了員工。爲解決這樣的陰錯陽差，實施了「PASONA賑災Work Rescue」的企業媒合。另外，也支援集結了東北代表性祭典的「東北六魂祭」。中山實際參與了這些企劃。

中山泰秀回憶，「有社會型企業（Social business）這個詞，PASONA在某種意義上就是社會型企業，能有機會在那裡工作眞是太好了。」

在大手町割稻

提到PASONA，最深刻的印象是在東京市中心割稻。

與東日本大地震時遭受重創的宮城縣石卷市之市長會面。

二〇〇五至二〇〇九年，爲了宣傳創造農業領域的就業機會，在銀行地下金庫舊址種植水稻，因而被媒體廣泛報導，即使不知道PASONA的業務內容，也以在大手町（東京都心大型金融業界集中的地區）種植稻米的企業而聞名全國。但由於大樓租約到期，總公司不得不搬遷，因此，中山被南部要求想出「割稻子」的下一個新點子。

經過腦力激盪後，決定沿襲象徵PASONA在大手町的「水田」形象，並加以升級；這次不是在地下，而是在一樓打造帶有燈光的水田「Urban Farm（城市農園）」，讓路人從外面就能看到，收成時由客人來收割，然後用這些稻米做成飯糰。

中山後來在二〇一二年大選重新出馬，那次自民黨重新執政，在比例復活制度下重歸議員身分。在PASONA工作了約三年又三個月，獲得在現場學習南部所說的「就業和經濟」的好機會。

南部在新冠肺炎的疫情中宣布，二〇二四年五月底前會將PASONA總公司機能轉移到淡路島。在呼籲改革勞動方式的潮流下，企業龍頭PASONA的方針令人側目。

中山說，「PASONA從二〇〇八年開始，便在淡路島建立了支援獨立農業的農場PASONA Challenge Farm，我覺得很像南部先生的作風。」

第八章 明哲保身的精髓

選舉時，懇請支持的中山。

之抗爭。

不是七道光而是二十八道光

圍繞在中山身邊的言詞一直是「靠爸族」、「政N代」、「少爺」。這是在競選中經常被對手用來形容中山的幾個詞，也可以說，中山的政治生涯一直在與之抗爭。

這裡出現一件具有象徵意義的事。

眾議院選舉公告日，兩位助選員先在臺上炒熱現場氣氛，正當主角中山要開口說話時，「靠爸族！靠爸族！靠爸族！」，一名男子邊走邊大聲嘲諷地穿過臺前。因爲當時現場的人都在安靜等待候選人的發言，所以男子的聲音顯得格外響亮。大選出征的熱烈氣氛一下子被潑了冷水，支持者們屏住呼吸緊張地望著中山，中山在臺上對走過的男子喊道。

「請等一下，你剛剛雖然說了七道光（靠爸族日文原文爲「親の七光り」，直譯爲父母的七道光），但我的祖母、祖父、伯伯、父親也都是國會議員，四乘七等於二十八，我不只有七道光，應該是二十八道光呀！」

男子沒有回頭，而是一溜煙地逃走，於是中山立刻如此說道。

「各位，大概是我的二十八道光芒太耀眼了吧，讓他跑走了。」

聽到中山隨機應變的反駁後，支持者報以熱烈的掌聲。

在場的支持者無不捏了把冷汗，這件事至今仍爲人所津津樂道。

雖然如此，但對政N代的批判還是讓中山倍感沉重。正因如此，中山在首次參與國會選舉落選後，應自民黨的邀請參加二〇〇一年的大阪府議選舉補選時，當父親正暉提出「要不要我幫你演講助選？」，他卻以「恐怕會被說是政N代而失去選票」爲由拒絕了，但是結果他還是落選了。

「每個孩子都有父母。不能爲了要推銷自己而否定父母，選民會給這份親情投一票的。」

直到現在，只要一想起那時的事，正暉就會發點牢騷。

現在中山明白了。

「雖然很多人批評我是政N代，但我不是，我是不折不扣的自民黨議員，從祖父母那一代開始，到現在是第三代自民黨員！」

有一張令中山引以爲傲的照片。照片上中山的祖父福藏站在中間，鳩山一郎、牧野良三、林讓治、花村四郎、紫安新九郎等人物一字排開。一九四五年秋天，鳩山等人爲成立日本自由黨大阪支部而來到大阪，聚集在位於東大阪市牧岡的中山福藏別墅，邀請福藏參加新黨創建時的照片。

伯父太郎在描述關於祖父福藏的著作《福藏先生　中山福藏的一生》（原文：福蔵どん 中山福蔵の生涯，中山太郎後援會出版）中描寫了當時的情況，以下爲摘錄。

「鳩山是政友會派系，福藏是民政黨派系。這兩個政黨主張不同，有著一直對立的

鳩山一郎等人聚集在福藏的別墅。

歷史淵源。福藏對是否應該接受鳩山的提議遲疑不定，但是鳩山的一句話消除了福藏的困惑，『在這個戰敗的廢墟中，憂國之士難道不該團結一致，共同努力重建日本嗎？』福藏因而決定參加，此地記錄著福藏在戰後史中邁出的第一步。」

一九五五年六月，爲了集結自由民主主義勢力，民主黨的鳩山及自由黨的緒方竹虎進行了領袖會談，勢力逐漸增強，同年十一月十五日，在東京．神田的中央大學講堂舉行成立大會，現在的自由民主黨因此誕生，所謂的五十五年體制（是指日本自一九五五年出現的政治格局，即長期維持自民黨爲執政黨、社會黨爲最大在野黨的穩定兩黨政治狀態）正式揭幕。

中山說，「我很自豪祖父福藏的別墅成爲寫下戰後政治歷史全新一頁的舞臺，讓我感覺肩負著身爲政治家的使命感。」

政治家和議員的差異

「我開始正確地區別政治家和議員這兩個詞。」

父親正暉雖然在小選舉區中落選過，但未曾有過在比例復活上的落選經驗。相反的，中山常被認爲出身於政治世家的「嫡長子」一定能順利當選，但其實有多次落選經歷，因此，他深切體會到議員和政治家的不同。

「你可以隨時在名片寫上政治家的頭銜，但議員是無法自行決定想當就能當的職業，是要有本人的意志，加上握有投票權的選民支持，這兩點必須重疊才行。」

中山除了在電通及PASONA有著約四年的民間經歷，也曾在永田町擔任過正暉的秘書。他曾跟隨正暉三次訪問北韓，他望著作爲政治家的父親的背影，感受到一些事。

「我或許不是一直拿一百分的兒子，但父親培養我替父母著想，有著銘記對父母的忠義心，以及爲國家著想的精神。」

在永田町，無論是否以當上議員爲目標，父母是政治家的所謂二代、三代並不少見。如果算上秘書的人數的話就更多了，形成一種所謂的「村社會」（古代日本實力者爲頂點的村莊社會型態）。

有一次，中山被遊說加入「二代會」，但中山沒有參加，雖然很自豪生長在政治世家，但不喜歡因爲這個理由而成群結黨。

中山在沒當上議員時，爲了使自己振奮起來同時想證明自己，參加了一九九四年開始引進的政策秘書考試，並取得資格。

「我飽受政N代的批評，很羨慕那些沒有家族包袱的人，因爲政N代如果發展順利就會被說是父母的功勞，但失敗了就是自己的問題。」

他透露內心最眞實的想法，這也因此成了他的力量，他在與無法改變自己出身的對抗中，將委屈化爲鬥志，屢次當選。

他的座右銘是「在成爲議員之前先成爲優秀的政治人，在成爲優秀的政治人之前首先要做一個好人。」

「雖然也有落選沒當上議員的時期，我不是不服輸，而是我沒有喪失作爲政治家的自尊心。」

出色的父子檔——正暉和泰秀。

美容開拓者，與YAMANO集團的深厚情誼

「二代、三代，從旁人看來似乎過得輕鬆，其實到底有多辛苦……，大概只有本人才知道。」日本首位燙髮技術指導者以及日本美容界的開拓者——美容家山野愛子的孫女，學校法人山野學苑理事長山野愛子JANE如此說道。

十六歲時創辦了美容院「髪結い」（美髮師），為日本美容界奠定基礎的祖母山野愛子，和中山家的關係可以追溯到首位女性內閣成員、擔任厚生大臣的中山瑪莎時代。身為女性政治家先驅者的瑪莎和山野愛子，或許就像志同道合的夥伴，互相理解開創新時代的女性之艱辛。

一九五七年年，記錄了向世界介紹日本美容的八十三天環球之旅的《美容環遊世界八十三天》（原文：美容　世界一周八十三日，山野愛子著），書中開頭描述的歡送會發起人裡出現了中山瑪莎的名字。

即使瑪莎從議員退休後也未斷了聯繫，繼任家族勢力成為國會議員的中山正暉也作為嘉賓參加學校入學典禮等儀式，泰秀每年也會以來賓身分出席山野學苑的活動，並慣例給學生

贈言。

山野家的傳統是長子或長女繼承家業，六個兄弟姊妹中排行老大的愛子JANE的父親正義到美國留學後，投身美國保險公司當銷售員，取得了全美保單第二名的業績並在當地成家立業，但在父母的要求下回國繼承家業。孫輩的愛子JANE，也在美國待到十二歲，就在日語還不流利的十八歲那年，被要求作爲「第二代愛子」繼承家業，進入未知的美容世界。

「繼承家業與重視家族的想法，中山家和山野家是一樣的，我覺得這點很好。」

愛子JANE試圖順應時代潮流改變學校系統，但是因爲否定過去而引發內部反彈聲浪，面臨著一邊沿襲舊制，但又要一邊改革的困

從祖母那代開始就與中山家有著濃厚情誼的山野愛子JANE。

難。

愛子JANE說，「對我來說，我要保護的是職員和學生，而對政治家而言，對象既是國家也是國民不是嗎？無論做什麼事都會有人反對，所以我認爲這是件辛苦的工作，雖然還沒有機會和泰秀談論彼此的處境，有機會很想好好地和他談一談。」

三次對中國提出譴責決議

中山在擔任自民黨外交部會長時，曾三次提出譴責中國行爲的決議。

二〇二〇年五月遞出「針對在中華人民共和國全國人民代表大會上有關香港國家安全決定的譴責決議」，六月針對中國公務船屢次入侵沖繩縣釣魚臺周邊領海的問題提出譴責決議，七月提出「對香港國家安全維持法的制定及實施的譴責決議」。

最後一項七月的決議旨於表達對制定和實行國家安全法，以及民眾在香港的民主示威行動中被捕一事感到擔憂，對於中國國家主席習近平以國賓身分訪日的計畫，向菅義偉官房長官遞交了「包括日本國民及企業的安心、安全在內，對國際社會上的自由、人權、民主主義原則表示重大擔憂的情況下，不得不要求中止國家主席習近平的國賓訪問」的決議文。針對習近平以國賓待遇訪問日本一事，因在香港和新疆維吾爾自治區等地發生人權侵害等問題發起反對的請願連署運動。

中國在日本譴責中國決議草案的階段，外務省發言人趙立堅表示「日本國內部分勢力藉此炒作話題是毫無意義的，對於日本的負面錯誤言論，中國已提出嚴正呼籲。」決議提交後，中國駐日大使館表示「這是對中國內政的粗暴干涉」。

中山認為「中國外交部發言人在自民黨一個部會提出譴責決議草案時就公開批評，這在政治史上還是第一次，可見日本國民的意見確實傳達到國際，這是非常重要的。」

「我的座右銘是明哲保身，對自己的人生哲學毫不畏懼、毫不猶豫地表露出來的人才是政治家。」

明辨眞僞的常識

中山最喜歡的一本小說，是出生於希臘，在明治時代來到日本定居的作家小泉八雲的短篇小說〈COMMON SENSE〉（常識）。

在此介紹一下故事概要。

某個寺廟的住持對來到寺廟的獵人建議道，「半夜在寺廟的院子裡會出現普賢菩薩，好好地膜拜吧。」於是獵人等待著，深夜裡出現了騎著白色大象的普賢菩薩，住持和寺廟的僧侶們都滿懷感激地叩首膜拜，但獵人卻從背後取出一箭射去，這支箭正中菩薩，瞬時雷聲四起，菩薩的身影消失。獵人對憤怒的住持說：「大師，您潛心修行積累功德，確實可能看到神佛，但修行薄淺的小和尚或在山裡獵殺野獸的我怎麼可能看得見。如果看得見的話，那就不是佛而是怪物。」天亮後，沿著院子裡的血跡搜尋，發現一隻死在獵人箭下的獾（老狐狸）。

Common sense被翻譯成「常識」，雖然也有「普遍知識」的意義，但這篇短篇小說透過「思考能力」強調智慧的重要性，獵人並未囫圇吞棗住持的話，而是覺得奇怪而根據自己的判斷採取行動。

中山表明「這是篇適用於現代的小說，在網路時代，假新聞是對民主主義最大的網路攻擊，但在沒有網路的時代就是謠言。祖母瑪莎在擔任厚生大臣後的一次選舉中落選，當時有謠言稱制定賣淫防止法的就是瑪莎，因此失去了反對該法律的男性選票，以四十一票的些微差距落敗。」

重要的是，常識中的常識。因爲常識就像天動說、地動說一樣會隨著時代變遷，他認爲「絕對的常識」非常重要。

與假新聞的戰鬥

《沒有子彈的戰爭》（弾丸なき抗争），這是一本由父親正暉的盟友亦是國會議員的濱田幸一（已故）於一九八三年出版，描述「三角大福」（日本政治專有名詞，指三木武夫、田中角榮、大平正芳和福田赳夫四人）爲角逐佐藤榮作總理大臣的接班人之位展開的鬥爭。

「在濱田老師的時代，政治可能是沒有子彈的戰爭，但在現今的網路社會中，假新聞這個子彈正在襲來，隱密性高的推特等社交媒體（ＳＮＳ）就是子彈，將人逼入絕境，可以毫不誇張地說，不僅僅在軍事領域，在社交方面也是一個可能被殺的高風險戰場。」

中山身爲政治家的公眾人物，雖然也做好了遭受批評的準備，但是對誹謗中傷的報導、網路發文等惡劣情況，則採取包括法律措施等手段抗爭到底。但是，網路擴散的過程中，會被誇大或扭曲事實，即使原來的文章、投稿被刪除，只要文章被轉載就會一直存在，就像身上難以抹去的紋身一樣，以電子紋身的形式殘存，惡意捏造的虛構事實，被囫圇吞棗的第三者繼續傳播。

二〇一五年發生伊斯蘭國綁架日本人的事件時，中山擔任當地對策本部長，一舉一動都受到全世界關注，隨著媒體過度報導，有給予肯定的文章，同時在日本國內也有幾篇誹謗中傷的文章。

「身爲議員第三代的大少爺，對餐點很囉唆，聽說打了國際電話回日本要求『給我送米來』。（外務省記者爆料）」（日刊現代DIGITAL報導）「陷入慌亂中，對職員破口大罵。」（PRESIDENT Online報導），直到現在還能閱覽到這些報導，部分內容被設定爲查詢關鍵字「中山」時會跳出的文章。

但實際情況如何呢？關於「送米來」的部分，當時的岸田文雄外務大臣聯繫中山在東京的事務所表示要送慰勞品到當地對策本部，而中山的事務所也決定要送慰勞品。當中山詢問當地對策本部的職員「有什麼想要的嗎？」時，職員回答「想吃米飯」。事實是，只有米飯顯得平淡寡味，所以在電話中指示事務所將眞空包的米飯及中山故鄉大阪的咖哩送到當地。話說回來，當初在法國度過三年高中生活的中山根本不執著於要吃飯。

「對職員破口大罵」一事，中山表示大聲叫嚷是在當地對策本部所在的約旦大使館要發送電報時的事。

知道被綁架的湯川遙菜遇害後，中山在當地對策本部召開緊急會議，除了分享中山自己記錄、留意到的事，及需要改進的地方，對策本部的每一位成員也道出需要改進的地方，爲了解救後藤健二，決定將總結這些情況的報告透過大使館向外務省發送電報，與日本的對策本部共享情報。對此，一名外務省幹部反對地說：「副大臣，如果報告發出去的話會很困擾的……」

「一名珍貴的日本人命被恐怖份子奪走了，我們還能做些什麼？大家不是都提出意見了嗎？不發出報告的話不就是背叛國民嗎？既然是大家一起總結的，就用多數決的方式來決定吧。」

他補充說，「國會有旁聽席，但我第一天就說了，在這個對策本部的房間內是沒有旁聽席的，必須抱持著被國民緊逼盯人的心態來處理這件事。」

中山對在場的全體職員如此說道。

反對的幹部可能是擔心這份報告會變成把過失歸咎到大使館，可是，在多數決中，除該幹部以外的所有人都贊成發送該電報。

中山回國後，外務省針對「PRESIDENT」題爲「來自約旦！中山泰秀外務副大臣的大暴走」的新聞正式提出抗議，抗議結果，雖然在網路新聞的文末添加了「外務省報導課長、中東第一課長、日本反恐對策室課長聯名斥責『報導非屬實』，並收到一份要求更正報導的抗議聲明」的文字，但該報導截至二〇二一年八月仍在網上可以閱覽得到。

不僅如此，另外還有「中山和某女星似乎有親密關係」，「該女星被捕的同時中山也會被捕」的報導出現。實際上，中山甚至沒見過那位女星。遺憾的是，仍然有人相信這些捏造的報導，至今仍不斷誹謗中傷。中山表示，「法律也改了，今後會考慮採取包括法律手段在內的應對措施。」

只要快接近選舉，競爭對手常會散播所謂「紙炸彈」的誹謗傳單等攻勢，甚至提供給媒體報導。雖然現在也還有這種「紙炸彈」，但在網路時代，這些「紙炸彈工作」也走向數位化。隨著選舉日接近，假新聞會越來越多，甚至還有對中山發出「殺人預告」的發文，而讓警視廳不得不進行調查。

與假新聞的戰鬥並不容易。因爲中山直言不諱的言行而成爲眾矢之的，但是，他不會因爲恐懼而違背自己的信念，或讓自己的發言閃爍其詞，這就是祖父福藏、父親正暉到他三代，代代相傳的中山家的信念吧。

中山在東京國會議員辦公室裡擺著父親正暉親筆寫的日本最早的憲法「聖德太子的十七條憲法」。眾所皆知的第一條，以及第六條並列爲中山最喜愛的條文。在此介紹第六條。

「第六條，懲惡勸善，古之良典。」

意思是「懲惡勸善是古人流傳下來的教誨。應宣揚他人的善行、勸他人改正惡行。阿諛奉承、欺瞞眾人者既是亡國的利器，也是毀滅人民的利劍。並且，諂媚者喜歡向上級舉報下級的過錯，遇到下級時則說上級的壞話。這種人對君主沒有忠義之心，對百姓也沒有仁愛之心。這是引起巨大動盪的根源。」（節選自「和樂web」）

第六條是中山的人生訓諭，他不允許任何不合理的事情發生。

第九章 面對未來

在米爾肯全球會議上與英國前首相布萊爾熱烈討論的中山。

從《比佛利山超級警探》學來的英語

二〇一五年四月二十七日，中山泰秀出現在坐擁湛藍天空的加州，位於美國西海岸的洛杉磯比弗利希爾頓酒店（The Beverly Hilton）的會場。在他身旁的有英國前首相東尼．布萊爾、美國參議員林賽．葛瑞姆、前北大西洋公約組織（NATO）歐洲盟軍最高司令官威斯利．克拉克等人。主持人是強化政治新聞的「政客（Politico）」資深特派員邁克爾．克勞利。美國西海岸的智庫「米爾肯研究所（Milken Institute）」的年度全球會議在此展開。

當時擔任外務省副大臣的中山在伊斯蘭極端組織「伊斯蘭國（IS）」挾持日本人質事件時，被任命為約旦當地對策本部的本部長，距離事件發生僅過了三個月。這次的會議主題為「全球風險」。

「首先，我必須坦白，我的英語都是從好萊塢電影《比佛利山超級警探》學來的，先為我拙劣的英語水準向大家道歉。」

在主持人介紹完後上臺的中山，一開口就以英語說出了這句話，活動場所恰巧位於比佛利山莊的正中央，中山的幽默引發會場一片笑聲。

「ＩＳ充分利用網路，它與二〇〇一年九月十一日，主導在美國中心同時發生恐怖攻擊事件的奧薩瑪·賓拉登不同。七十年前的戰爭是這樣的，如果用聲音來表現，就是噗咻砰、砰（口頭表現飛機投擲炸彈的聲音），而現在是這樣，喀嗒喀嗒（點擊滑鼠的聲音），只需一鍵就能摧毀，這不是國與國之間的戰爭，只要具備技術，一個人就能攻擊國家，速度極快，沒有界限，也沒有國境。」

中山接著說明在約旦當地對策本部時，因受到七大工業國組織（Ｇ７）的限制無法與恐怖份子直接協商，以及應付活用網路、毫無規範的恐怖份子之困難點，他提及了在網路空間中形成新的冷戰模式等問題。

自帶「效果音」的日本政治家演說，獲得了在場上千名與會者的熱烈掌聲。當時米爾肯研究所內唯一的亞裔研究員田村耕太郎，在親眼目睹中山大獲掌聲時，鬆了一口氣。

或許將米爾肯研究所主辦的全球會議解釋為每年在瑞士舉行的世界經濟論壇年會（達佛斯會議）的美國版，會更容易理解。由以「垃圾債券之王」聞名的投資者麥可·米爾肯於一九九一年創立。來自商界、政界、時尚界、藝術界等各領域的領袖齊聚一堂。

曾是參議院議員的田村目前定居於新加坡，作爲米爾肯研究所的亞裔研究員，負責協調出席米爾肯會議的日本人，推薦中山爲二〇一五年特別成員的即是田村。

「米爾肯研究所是知名的美國智庫，每年的全球會議都有政界及商界領袖出席。當然，演講者的條件之一就是英語能力，但不僅於此，存在感、要傳達什麼也是相當重要。在優秀的成員面前，一個非英文母語者必須克服時差的障礙，並且不靠翻譯，用英語談論專業主題，這需要很大的登臺膽量。」

活動場所比弗利希爾頓酒店是一家用於舉辦如金球獎等好萊塢盛事的飯店，不難想像要以非母語的英語且在沒有草稿的情況下與世界知名人士議論，縱使英語流利，也會被現場氣氛影響而緊張。

據了解，米爾肯研究所內部會給演講者評分，如

中山和英國前首相布萊爾等人出席的米爾肯會議。

果沒有得到一定的分數，下次就不會再獲邀出席。中山自二〇一五年以來，幾乎每年都登上講壇，包括在新加坡和東京由米爾肯研究所主辦的亞洲高峰會。

「中山是我在擔任國會議員時的同事，當時自民黨的朝會多由元老們站在臺上，在那氛圍下年輕一代很難開口，但中山總是積極舉手發言讓我印象深刻，二代、三代議員大多不想太引人注目，但中山雖然是出身於政治世家的世家公子，卻毫不畏縮地踴躍發言，表現出強大的存在感，令人耳目一新。」

田村考量到中山的膽識和多次當選議員的經歷，推薦他擔任二〇一五年米爾肯全球會議的演講者。

「一開始是我帶給他參加米爾肯會議的契機，但之後能持續在米爾肯會議登壇是因爲中山本人的努力，演說中夾雜笑話的作法在美國很受歡迎，能以玩笑反駁並不單語言能力好就能辦到。」「主辦方可以從演講者那裡聽到寶貴的演說，與他們建立良好關係，同時對演講者來說有助於提高在國際上的知名度。」田村解釋了成爲米爾肯講者的重大意義。

管理二千二百兆日圓的與會者

根據米爾肯全球會議於二〇二〇年發布的新聞稿顯示，此會議吸引了來自六十餘國約四千人，包括管理超過二十兆美元（約二千二百兆日圓）資產的投資者、被美國《財富》雜誌評選爲世界一百強企業的經營者、諾貝爾獎得主、國際資本市場的高級管理階層、全球和美國的高級政府官員、學者、能源、教育、健康、電信和慈善事業的領袖等人參加。

參加該會議至少需付兩萬五千美元（約兩百七十萬日圓），站在即使花那麼多錢也要參加的聽眾面前演講，其緊張感超乎想像。

演員湯姆·漢克斯、超模娜歐蜜·坎貝兒、川普政府時期的拜登議員、日本軟銀的孫正義，政治家的話，雖然是閉門會議但財務大臣麻生太郎也參加了。

二〇二〇年十月十九日，首相菅義偉在米爾肯全球會議上發表錄影演說。繼九月的聯合國大會之後，就任首相後的第二次國際舞臺就是米爾肯會議。同年十二月九日，東京都知事（相當於東京都首長）小池百合子也線上參與了米爾肯研究所主辦的亞洲高峰會。

米爾肯研究所包括位於美國加州聖塔莫尼卡的總部，在華盛頓特區、紐約、倫敦、阿布達比、新加坡等六處設有辦公室。經常被拿來比較的就是在瑞士舉行的世界經濟論壇，世界經濟論壇總部設在瑞士日內瓦，成立於一九七一年。每年一月會在瑞士的渡假勝地達佛斯舉行年會，有各國領袖、政治家、好萊塢明星等名流參加，規模約兩千五百人。

田村指出「由於達佛斯會議在歐洲舉行，各國領袖的參加人數比米爾肯多，但達佛斯會議也是花了近三十年時間才有現在的盛名。」

他進一步說，「米爾肯研究所於二〇二〇年在東京召開會議，雖然因新冠肺炎疫情擴散宣布進入緊急事態，導致現在無法舉行會議，一旦新冠肺炎疫情平息，將

聚焦北韓議題的米爾肯會議。

會繼續在東京召開會議，希望日本和美國建立深厚的情誼，利用民間智庫米爾肯的舞臺，作爲加深日美關係的契機。」

向拜登政權詢問紅線（Red Line）

二〇二〇年十二月二十九日，美國的華爾街日報在社論報導中寫道「亞太同盟國之一的日本就拜登對臺灣及中國的立場問題表示擔憂。」這是拜登就任總統一個月前的事。標題寫的「日本」指的是中山在接受英國路透社採訪時的言論，該報報導中山的言論如下。

「擔憂中國將侵略行徑擴大到香港以外地區。正如大家所擔心的，下一個目標之一應該是臺灣，我想知道拜登先生是否有明確的對臺政策，如果中國發生『跨過紅線』行爲的話，拜登先生作爲總統會如何應對？」

路透社在同年十二月八日舉行的米爾肯研究所亞洲高峰會上，聽了中山在線上討論中題爲「Defusing Asia's Geopolitical Flashpoint（化解亞洲地緣政治的起火點）」的言論後，再次採訪中山並發表面向全球的報導。華爾街日報引用了該篇報導。

此發言的背景是呼應了美國歐巴馬政權時提出的對敘利亞的紅線。

二〇一二年，歐巴馬前總統說「敘利亞的阿塞德政權使用化學武器對美國而言是條紅線，一旦使用跨過這條紅線，美國將採取軍事行動。」隔年的二〇一三年八月，阿塞德政權在反政府勢力統治的首都大馬士革郊外使用化學武器，用沙林毒氣殺害了上千名市民，國際社會認爲歐巴馬會對敘利亞採取軍事行動，但是歐巴馬稱軍事行動需要得到議會的認可，改變了「紅線」方針，最終沒有出兵敘利亞，而是在支援敘利亞的俄羅斯斡旋下達成協議。同時，歐巴馬放棄了美國一直以來所扮演的「世界警察」角色，並表態在國外行使武裝力量時會重視多國聯合的方式。

可以說，美國對中東戰略處於眞空狀態，讓極

米爾肯經典的小組座談會（線上），右上角為CSIS（戰略與國際研究中心）的車維德。

端組織伊斯蘭國（ＩＳ）崛起，並導致俄羅斯入侵克里米亞。

中山指出，「中東版圖如何移動將牽動全世界，二〇一五年ＩＳ綁架並殺害日本人也是其中之一，歐巴馬政府時期的副總統就是拜登先生。」

到目前爲止，美國沒有爲臺灣劃出明確的紅線，或許是想藉由此模稜兩可的態度，阻止臺灣的獨立派和中國的強硬派兩方的行動。但是中山主張「能讓同盟國日本以及對中國的崛起倍感威脅的亞洲放心的試金石，就是拜登政權明確地給臺灣劃上紅線」，不能重蹈過去歐巴馬政府的覆轍，正因爲是拜登在就任總統之前，對亞洲政策還處於不透明的時期，因此中山的發言備受亞洲關注，印度的WION電視臺也對中山進行長篇採訪等，具有莫大影響。

對中國來說，臺灣也是紅線。透過加強香港的控制和對臺灣的恐嚇行動，來表達絕不妥協的「一中」政策，很多人擔心中國會不會對臺灣採取軍事行動，對於圍繞釣魚臺爭議的日本來說，這無疑是當前的危機。

臺灣是（日本的）家族

中山關於紅線的發言再次受到國際關注。

以下是二〇二一年六月二十八日，在美國智庫哈德遜研究所的視訊會議上以英語發表的演說內容。

中山提出疑問「隨著中俄聯手，威脅越來越大，對臺灣的壓力更是與日俱增，我們必須認清這個現實，一九七〇年代，以日美爲首的其他許多國家都認可中國的「一中政策」，但我不知道這到底是不是正確的。」此外，中山過去也曾提到臺灣是「紅線」，「作爲民主主義國家，必須守護臺灣。」並說「臺灣和日本在地理位置上有如眼睛和鼻子般靠近，如果臺灣發生緊急情況，從地緣政治角度來看，美軍駐紮的沖繩和日本將受到影響。**臺灣不是朋友，臺灣既是兄弟也是家人。**」

很快，英國路透社、美國彭博社、ＵＳＮＩ（United States Naval Institute，美國海軍協會）Press、臺灣媒體等多家媒體報導了中山的發言。

對此，中國政府立即做出反應。外交部發言人汪文斌在隔天二十九日的記者會上表示

「多次將臺灣稱為國家，此舉違反了日中聯合聲明的內容，在此要求日本政府需明確表明立場」，表達嚴正抗議。

中山反駁地說，「中國才是違反了聯合聲明，在香港回歸前就違反了英中聯合聲明，提前接管香港，而且做出違反國際條約的行為。另外，還自行推翻了向全世界承諾的一國兩制制度，持續違背對全世界的承諾，世界上熱愛自由民主主義的人們，誰都無法容忍這種對歷史事實的背叛。」

寫給洛杉磯市長的信

中山於二〇二一年三月，透過日本駐當地的總領事館向美國艾瑞克・賈西迪（Eric Garcetti）寫了一封英文信。

「致親愛的艾瑞克，洛杉磯當地的韓國媒體報導，您說『洛杉磯市堅決反對日軍過去的野蠻行徑』，並且對哈佛大學的馬

哈德遜研究所的線上演講。所長肯尼斯・懷恩斯坦（Kenneth Weinstein）和中山。

克・拉姆塞耶（Mark Ramseyer）教授發表有關『慰安婦』問題的論文加以批判，我對於這篇報導感到非常驚訝。」中山指出，來自韓國人團體的個人郵件被韓國媒體公開後，可能導致日本人和韓國人團體之間出現分歧。他對「不是從學術角度批評拉姆塞耶教授的論文，而是要求道歉和撤回論文一事」表示擔憂，並再次強調日本、美國等民主主義社會重視學術自由，在學術界中不存在感情用事的批評。

拉姆塞耶教授在二〇二〇年十二月發表了一篇學術論文，從理論上證明慰安婦是當時日本政府規定下認可的公娼制度的延長線，其內容否定了韓國社會普遍認知的「日軍慰安婦是日軍強行擄走的性奴隸」的說法，因此引起軒然大波。韓國國內的反對聲浪強烈，哈佛大學的韓國留學生和在美韓人團體間正展開要求教授辭職或撤回論文的活動。

洛杉磯中央日報寫道，賈西迪市長說「洛杉磯市堅決反對日軍過去的野蠻行徑，日軍販賣婦女是侵犯人權的行爲」，並支持譴責拉姆塞耶教授。

在洛杉磯，韓國人團體積極展開活動，二〇一三年，在洛杉磯近郊的格倫代爾市的公共用地上豎立一座慰安婦的雕像，被提出要求拆除的訴訟，在舊金山市也公開設立了將「慰安婦」描述爲「性奴隸」的碑文和雕像。

「我和賈西迪市長有私交，雖然理解韓國人團體在洛杉磯的影響力很大，但那裡也有日本人團體，市長的觀點會導致雙方團體的分裂，如果要針對拉姆塞耶教授的論文做出批評，就應該在學術的言論自由中進行，身爲朋友我想提醒他，以政治家的身分參與此事是否合宜？」

賈西迪市長回信說：「眞誠地感謝你（中山）爲我解釋歷史。」

「我認爲在外交上，個人管道的經營也很重要。」

中山說明了寫信的理由。

韓國也曾有過韓國士兵成爲加害者的歷

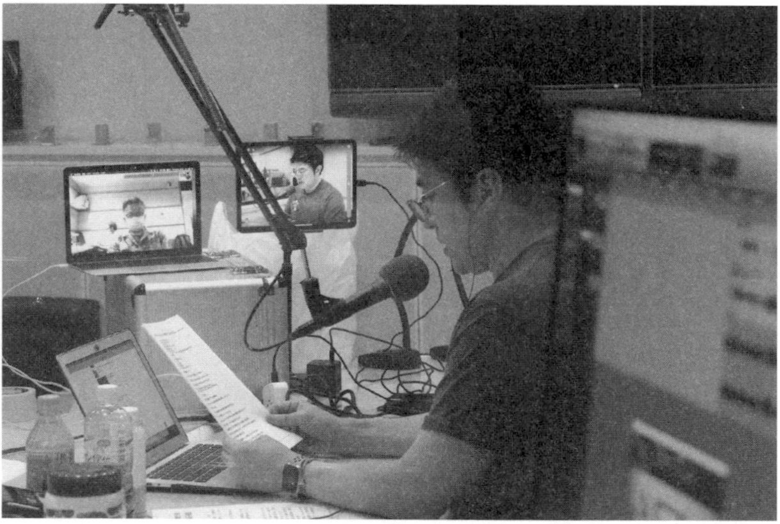

中山在自己的廣播節目「YASUTORADAMUS」中以LIVE形式分享資訊。

史。據了解，越南戰爭時期，被派遣的韓國士兵對當地婦女實施性暴力並加以虐殺。二〇二〇年三月，英國公共廣播中的ＢＢＣ在專題報導中揭發了韓國並未替自己士兵的行爲道歉，因韓國士兵暴行而出生的孩子在越南被蔑稱爲「Lai Dai Han（有大韓雜種之意）」，受到了歧視，據說其人數多達五千至三萬人。韓國對日本「慰安婦」問題的訴求與本身對Lai Dai Han的應對方式相互矛盾。

在英國，名爲「爲Lai Dai Han伸張正義（Justice for Lai Dai Han）」的民間團體設置以受害者母子爲主題的雕像，並展開活動以尋求聯合國人權理事會進行調查並要求韓方道歉。

中山與該團體的辦事處取得聯繫並收集情報，摸索在日本能幫得上什麼忙。

選區是紐約

中山在安全保障及外交上有獨到見解是眾人公認的。

但是在選舉的採訪時經常聽到「安全保障和外交無法成爲選票」。一位在美國度過童年，英語程度接近母語人士的東京都國會議員曾抱怨地說道，「會說英語對選民來說毫無吸引力，只有被扣分的風險，幾乎不會被加到分」，令人印象深刻。

如果到了地方，會聽到「這條路是某某人修建的」、「這座橋是某某人蓋的」，國會議員也會當成自己的業績來宣傳。越走進地方，這樣的傾向就越強烈。

將地方的意見傳達給國會，這也是國會議員的重要功能。新潟出身的前首相田中角榮在整頓高速公路等基礎建設和新幹線一事上，即使被批評是「政治分贓」，也會被當成「我們小村的國會議員」而得到信任。議員回應故鄉的要求，帶來穩定的支持基礎，這是日本選舉的典型特徵。

另一方面，中山的選區是大阪四區。自從二〇一七年眾議院選舉時，引進「小選舉區比例代表並立制（混合名額多數制）」以來，沒有出現過連續當選者，產經新聞的網路新聞稱之為「魔鬼四區」，是首屈一指的激戰區。中山在二〇一七年的眾議院選舉中獲勝後，不再是「魔鬼四區」。

中山說「我的選區就像紐約，沒有稻田，沒有農地。如果說地方是生產者、供應商，那麼大阪等大城市就是消費者。生產者和消費者本應互相扶持，但如果牽扯到政治，很容易形成對立關係，有消費者才會有生產者，有生產者才會有消費者，爲了彼此之間有良性循環，中山一家作爲議員及政治家，始終對故鄉眞誠以待。」

父親正暉曾說，「三代接力完成任務。」中山泰秀是第三代政治家。包括地方選舉在內，他經歷過三次落選，並多次當選，應該是從「政N代」的束縛中解脫的時候了吧。

眾議院議員的任期即將結束，在本書的執筆期間大選日期尚未公布。選舉即是戰爭，中山將二〇一五年他送給約旦的阿卜杜拉國王同樣的黑本尊「勝運」護身符放於胸前，迎向挑戰。

第十章

與前首相安倍晉三會談

會談後，前首相安倍與中山合影。

自衛隊站在新冠肺炎疫苗接種的最前線

前內閣總理大臣（首相）安倍晉三和防衛副大臣中山泰秀，於二〇二一年七月六日在眾議院議員會館內進行會談。（以下省略敬稱）

安倍　中山先生作爲防衛副大臣、以及新冠肺炎疫苗的自衛隊大規模接種中心的本部長，發揮了重要作用。自衛隊是負責日本安全保障的組織，發生災難時也要爲了守護國民的性命而努力，透過這樣的活動獲得國民的信任，這次的疫情威脅到國民的性命，我認爲有必要活用大規模

前首相安倍晉三。

接種疫苗、加快接種速度、讓國民恢復到平穩的日常生活，身爲本部長的壓力肯定很大，但我覺得你一定能做好。

部分媒體有如愉快犯（意指藉由擾亂社會和引起注意來獲得快感的罪犯）般輸入僞造（登記）號碼，批評系統不完善，可是你必須邊做邊想，如果等一切準備就緒再開始執行則需要花費一個月、兩個月、三個月的時間，到時又會因爲速度太慢而遭受抨擊，我認爲率先行動的這個決定是正確的。我自己在臉書和推特上批評了（愉快犯般的）相關媒體，因爲如果出現模仿者，工作將會受阻。

中山　您說過應該確實給予指正，所以我認爲我與岸信夫防衛大臣有妥善展現出對媒體的應對處理。雖然預約接種的系統漏洞受到批評，但是防衛省已經做好充足準備，以應對數千個自動

防衛副大臣中山泰秀。

預約的網路攻擊，如果是熟悉網路的人，應該會理解防衛省、自衛隊已經做好該做的事。

——中山副大臣是自衛隊大型接種中心的本部長，在二〇一五年（平成二十七年）安倍首相政權時期，日本人被伊斯蘭國（ＩＳ）俘虜時，也擔任了當地對策本部長。

安倍　中山副大臣是黨內的頭號以色列通，所以二〇一五年訪問中東時，也請你同行以色列。後來，ＩＳ綁架日本人並要求贖金的影片被公開後，我任命你擔任當地的本部長，當時情況十分危急對吧？

中山　我與宮澤洋一先生參加國際可再生能源機構（IRENA）會議後，從阿聯酋（ＵＡＥ）到以色列，在以色列逗留的第三天早晨接到首相的召喚，世耕官房副長官也在場，我看了ＩＳ公開影片的靜止畫面，那時我受命擔任設在約旦的當地對策本部的本部長，本來應該要和首相一起搭乘政府專機回國，但就那樣直接飛往約旦了。

安倍　約旦的飛行員也成了ＩＳ的人質。感謝你爲了被綁架的日本人，透過各種途徑影響約旦國王，我想那個時候你一定很辛苦吧。

中山　那是使命感油然而生吧，當時約旦國王對待被綁架的日本人如同對待自己國家的飛行員一般，約旦國民對此讚不絕口；但也有人說國王幫助日本人是不是企圖想得到日本的援助，IS把綁架日本人的事件當作政治宣傳，想要推翻約旦政權，這是恐怖主義卑劣的陰謀和手段。我親眼目睹了這一切，覺得絕對不能輸。

在當地待了十七天，這段期間只有約三天可以躺在床上休息，如果工作人員和我都垮了，那就得不償失，所以本部實行了輪班體制，二十四小時運作。這次是我人生第二次當本部長。

安倍　兩次本部長經驗都很艱難。

中山　兩次本部長都牽涉到人命，肩負重任。在黨內，從議員第二期開始我就如願加入治安對策特別委員會，我非常感謝能從事外交安保領域的工作。

安倍　（本部長的職務）成功是理所當然的，（從一到十）達到八就是合格了，但也經常會因爲那一、二的不足而受到批評，我認爲你已經盡力了。

G7領袖峰會上明確提及臺灣海峽

——二〇二一年六月在英國舉行的七大工業國領袖峰會（G7 Summit）上，明確強調臺灣海峽和平與穩定的重要性，並提倡支援發展中國家的基礎設施，以抗衡中國提出的「一帶一路」的巨大經濟版圖構思。中山防衛副大臣在美國智庫演講時，質疑拜登政權在臺灣海峽的外交立場，並提出當臺灣發生緊急情況時，「民主主義國家必須守護民主主義國家。」此發言被海外媒體大肆報導。麻生太郎副首相兼財務大臣也曾說過，臺灣海峽局勢惡化時，日本會認定爲「存亡危機事態」，可能行使集體自衛權。

安倍　我認爲在（二〇二一年四月十六日的）日美首腦會談上，明確提出「臺灣海峽的和平」的意義重大。佐藤尼克遜聯合聲明（一九六九年十一月）中有記載關於臺灣的描述。該聯合聲明意味著，沖繩歸還給日本時，會利用美軍基地來保障包含臺灣海峽在內的遠東地區安全，明確寫到臺灣。這次，日本和美國做出了共同努力以維護地區和平與穩定的承諾，明示由日本發揮自主性，美國會一起行動。其背後的依據就是安保法案。臺灣發生緊急情況的話，等同於日本不僅與那國、釣魚臺，連先島群島（宮古群島和八重山群島的總稱）都會面臨危機。正如麻生副首相所指出的，如果臺灣海峽發生緊急狀況將從重要影響事態升級爲存亡危機事態，在G7中也明示了有關臺灣海峽的問題。關於這點，我認爲是中山副大臣也做出了努力。

中山　謝謝您。

安倍　為了要在G7提出，首先要得到歐洲各國的理解，這件事出乎意料地困難。中國和臺灣距離歐洲很遠，對他們來說，中國極具經濟魅力，去年年底香港的人權問題受威脅時，由德國總理梅克爾擔任主席的歐盟與中國簽署了貿易協定，但是現在因為新疆維吾爾自治區的人權迫害問題，使該協議在歐盟議會擱置，我認為主要關鍵是包括菅首相和外務審議官鈴木浩在內的日本人們說服了歐盟。

我們一直提倡「自由開放的印度太平洋」的理念。在我的第一次政權時期（二〇〇七年八月），在印度國會發表了題為「兩大洋交匯之處」的演說，當時第一次提出了印度太平洋的地緣政治概念。人們透過海洋積極地交流和貿易，可以創造出新的財富，為此，海洋作為公共財產必須自由開放，而國際法規必須嚴格執行以維持自由開放後的秩序。第二次政權時期的二〇一六年，在肯亞召開的東京非洲開發國際會議（TICAD）上，向世界提出稱之為戰略的「自由開放的印太戰略（Free and Open Indo-Pacific Strategy）」的想法。普及和落實：一、自由民主主義，二、人權，三、法治這三個基本價值非常重要。該地區需要基礎設施，但大家是希望透過整頓基礎設施來發展經濟。我們也幫助該地區強化安保能力，否則無法守護印太地區。

這不是排他條款，而是意味著「大海是我的」的想法行不通。美國現在推動「印度太平洋」戰略，用印太取代（川普政府時期）了亞太，德國也發表「印度太平洋戰略」，此外，認同美日澳印四方安全對話（Quad）基本價値觀的國家得以攜手合作，是一件非常了不起的事。

中山 爲了對抗可能侵害其航行及上空飛越自由，或其他過度主張合法的海洋利用權利的活動，美國持續執行所謂的「自由航行行動」。今年五月，自衛隊和美國、法國、澳洲各國軍隊在九州和東海進行了離島防禦訓練，澳洲及法國的大使也到鹿兒島的離島視察。

安倍 最重要的是更多的國家加入承諾。英國以航空母艦「伊麗莎白女王號」爲首的打擊群將首度停靠日本港口，此舉意義重大。

當初的計畫是派航母「威爾斯親王號」，但該航母與太平洋戰爭時在馬來西亞海域被日本聯合艦隊擊沉的戰艦同名，不知道是否因此而改派「伊麗莎白女王號」。

中山 缺乏軍隊的政治有如缺乏樂器的音樂，我認爲以地緣政治來看，距離遙遠的英國、歐洲想在太平洋地區提高存在感這件事具有重大意義，同時，雖然互相矛盾，但考慮到網路的話，現在是距離變得無關緊要的時代。

經濟安全保障與中國包圍網

安倍 我認爲經濟安全保障的重要性有兩層含義，即維護供應鏈的重要性和最尖端技術的管理。安倍政權時期即成立了國家安全保障會議（ＮＳＣ），ＮＳＣ在新冠肺炎疫情擴散前就一直關注著經濟安全保障。之前沒有安全保障意識的政府機關，也正在以安全保障爲基礎制定政策。

ＮＳＣ將外交、軍事、情報等過去分散管理的事務集中到官邸整合，在外交上決定優先順序，首次制定了國家安全保障戰略，這是岸信介政權時期的「國防基本方針」（一九五七年）以來頭一次，在那之前從來沒有過。

中山 在經濟安全保障方面，日本有必要在涵蓋更廣泛的領域上推進政策，例如數位革命、經濟全球化、氣候變遷帶來的災害應對等。此外，爲了避免在新冠肺炎之後的新型疫情的風險，必須推動建立一個治療藥物和疫苗從開發到製造過程都能在國內完成的產業鏈。

去年二月在BS富士電視臺的新聞節目受訪時，雖然當時尚未感受到新冠肺炎的威脅，但我提出了必須著手準備當供應鏈被中斷時也能讓事業不間斷的對策，我認爲必須重建「日本製造」，如果僅看重經濟理性實施外包，日本的根基就會消失，這樣日本國民是否眞的幸福呢……，民主主義國家之間必須同時建立供應鏈聯盟。

我認爲，在考慮經濟安全保障政策時，最重要的是我們自己的「自我防衛意識改革」，面對威脅，應該確立符合現實性和經濟理性的「全方位多元防禦」。

——經濟安全保障是否也意味著對中國的包圍網？

安倍　與其說是包圍網，不如說可以帶來被包圍的結果更加重要。也就是說，如果能在「自由開放的印度太平洋戰略」的構想上達成共識就好了。對於中國提倡的「一帶一路」，日本有自己的立場；我們不會拒絕，但也不會積極參與。雖然亞洲和非洲在基礎設施上有需求，但對已發展國家來說可能無法充分得到滿足，即使日本對「一帶一路」的政策說「不」，也會有其他國家陸續響應，因此，我們強調「必須是優質的基礎設施」，剛開始中國提出抗議，但是，反對優質的基礎設施，不就意味著要提供低品質的基礎設施嗎。

「優質的基礎設施」有四項原則，經濟性、開放性、透明性，以及債務可持續性。明明沒有償還債務的能力卻舉債，最後還不起就交出基礎設施這樣的作法是不行的。出於經濟性考量而非政治目的，並且將企業也包含在內全面開放的話，日本也會攜手合作。

最終，在二〇一九年舉辦的G20大阪高峰會上，中國也贊同了「有關高品質基礎建設投資的G20原則」，將中國引向正道，然後付諸實施，因爲在某種程度上，中國還是相當在意國際上的聲譽吧。

後新冠肺炎疫情時代所追求的政治是什麼

——日本也正在展開新冠肺炎的疫苗接種行動，後疫情時代，政治需要什麼？

安倍 首先有兩件事。全面復甦遭衝擊的經濟，因此，需要果斷的財經政策，同時要充分利用這次的經驗，做好應對準備。我認爲要好好把握疫情帶來的變化，無論是經濟或社會層面都應做出改變。至今難以前進的數位化，以疫情爲契機，隨著遠距辦公的發展，讓人們開始思考數位化的必要性。學校也應該讓每個學生人手一臺裝置並能運用自如，公司也線上化。新冠肺炎疫情之後，作爲選項之一，會發生勞動方式改革，我認爲政治必須隨之變革，也應該發揮領導力。

中山　疫情奪走人命，並且破壞供應鏈，但是，如果要說從中得到了什麼啓示的話，或許它在某種意義上成了滲透測試（找出問題點的測試），測出國家是否能夠應付這樣的緊急情況。我認爲，在政治上也被要求需要具備能夠克服這種情況的智慧。

——需要有能發揮領導力的政治家

安倍　中山副大臣也是具有領導力的政治家之一，與我們這一代不同，是新時代自民黨的新生代。

政治家的原點

——中山副大臣是三代相傳的政治世家，安倍前首相也是政治世家。您如何看待作爲政

治家的原點？

安倍 第一次參選是在一九九三年，那是中選舉區的最後一次大選，競爭對手的新生黨派出了前安倍派縣議員的古賀敬章，日本新黨則派出江島潔（現任參議員）參選。在激烈的選戰中，飽受政N代的批評。但是，選舉就是一種歷練。

就所謂世襲，基本上父親是政治家，要說明自己的家世背景相對輕鬆許多，擁有絕對的優勢也是事實，否則的話，就要一一說明自己的經歷。

正如大家所說的，政二代一開始是在對自己的父母信任之下當選，之後就看能否建立起（對自己的）信任，也有很多二代議員中途落選的情況。這個世界很殘酷的。

我也利用這個優勢，雖然沒有直接連結到選票，但在保障外交安全上努力。首次當選時的自民黨是在野黨，黨魁是作風自由開放的河野洋平。當時，與中川昭一（前財務大臣，已故）等人共同致力於解決教科書問題，成立「思考日本未來和歷史教育的青年議員組織」，探討教科書上「從軍慰安婦」一詞的表述問題。（二〇二一年四月）內閣通過的議員答辯書中稱，「從軍慰安婦」一詞可能招致誤解，應改成「慰安婦」，我們的努力是促成這件事的轉捩點。此外，北韓綁架日本人事件當時，也沒有人出面處理，我也積極地介入解決。

中山 當時的安倍首相曾就綁架事件找過我，說是因爲要更換隸屬眾議院探討北韓問題特別委員會的首席理事。當時，部分媒體批評安倍政權說要解決北韓綁架問題，卻長期沒有召開委員會。因此，我於二〇一三年十月擔任委員會的首席理事後，立即和委員會的理事前往新潟和大阪的綁架現場，這件事成了我難忘的回憶。

另外，在二〇一四年我擔任外務副大臣時，作爲兩名副大臣之一的領銜者，負責網路安全，出席了美國和愛沙尼亞等地的網路國際會議。當時，我與日本的頂尖（白帽）駭客一起舉辦研修會，該研修會現在仍繼續著，所累積的知識對防衛省也有幫助。

安倍 太空、網路、電磁空間都是安全保障的領域。中國也在這方面投入了人才和資金，雖然日本有點落後，但我認爲必須做些能夠在這個領域一舉領先的事。

提到政N代，中山副大臣也受到批評，首次參選時不就落選了嗎，實在是很辛苦。

中山 初選是在橋本龍太郎擔任首相時期。俗話說三次定勝負，我在二〇〇三年第一次當選，在民主黨政權交替的選舉中落選，現在是第五次任期。

安倍 在大阪正中心、浮動選票較多的地區當然會經歷不少困難，對你本人來說雖然很辛苦，但是對於政治家來說卻能成爲人生的食糧。我的父親（晉太郎）也在第三次選舉中落選，在隔屆選舉當選之前，失業了三年又三個月，他常說「那段時間讓我成爲眞正的政治家。」某種意義來說，中山副大臣總是沉著思考事物，思維方式絕非心浮氣躁，我認爲這是活用了從失敗的泥沼中得到的寶貴經驗。落選非常痛苦，因爲選民離你而去。有離開的人，也有留下來的人，看人的眼光也會變得敏銳。我覺得（中山的）辛勞正朝著好的方向發展，未來還很明亮，並非是單純的政二代，也正因爲活用這樣的經驗，才能作爲防衛副大臣，以及作爲自衛隊疫苗大規模接種中心的本部長取得成果。

——身爲前輩，有什麼建言嗎？

安倍　中山的性格就是直話直說，所以被自民黨大老們敬而遠之，但我認爲這樣很好。重要的是，無論是對上對下，都不會因人而異改變應對態度。

我也因爲第一次政權以那樣的方式結束，給國民帶來困擾，受到了頗多指責，被人說我的政治家生命已經結束，其實我自己也有一半覺得可能是這樣，只是後來故鄉的人對我說，「晋三，這太遺憾了，但是還是再努力一次吧，我們會支持你的。」當然也被說了不少嚴厲的話，雖然經歷了艱難的事情，但是我找回初衷再次參加選舉。二〇〇九年當時是自民黨慘敗淪落成在野黨的最艱困期間，但我獲得了壓倒性勝利，此後，雖然以首相身分參與了三次大選，但始終沒有超過當時的票數，我認爲我是在關鍵時刻獲得選票，關鍵在於到底有沒有傾聽人們的聲音。

大選即將到來，此次選舉將是一場非常嚴峻的戰鬥。在選舉前，自民黨必須團結一致，這是非常重要的。

第十一章 與防衛大臣岸信夫會談

與岸防衛大臣對談的中山。

中山泰秀防衛副大臣與岸信夫防衛大臣，於二〇二一年七月二十二日在東京都內進行會談。（以下省略敬稱）

新領域和自由開放的印度太平洋戰略

中山　和岸防衛大臣以及田村耕太郎（當時為參議員）三人曾因美國曼斯菲爾德基金會的研究獎學金計畫，一同前往美國華盛頓特區。當時與（日裔二代的）美國參議員井上建（已故，英文名為Daniel Ken Inouye）見了面，您還記得聊了什麼嗎？

岸　聊了很多啊。

中山　當時，我提議在自由民主主義國家的日本、美國、韓國的島嶼上，實施年輕人交流計畫。日本是淡路島，美國是夏威夷，韓國則是濟州島。

岸　這是個好主意，但是現在因為新冠肺炎疫情難以實現。

中山　現在，安全保障的隱憂似乎在夏威夷和日本等西太平洋蔓延。當時還很年輕的我，在那之後約過了二十年，如今已成為輔佐大臣的副大臣身分。

岸　這的確是防衛省安全保障的最前線。當時安全保障環境被認為相當嚴峻，首要課題是面對北韓開發核武、導彈，我們該如何應對、如何保護日本。在那之前蘇聯的問題就一直存在，從某種意義上來說，冷戰結構仍殘留全球，之後，隨著中國的問題不斷擴大，不僅日本把中國視爲問題，東南亞的ASEAN各國也同樣將其視爲全球問題。

中山　從那個時代過了二十年，出現了太空、網路等新的戰場。

岸　自衛隊也靠整頓防禦能力，奠定過去傳統的陸海空戰力基礎，但隨著技術革新，作戰方式也產生變化，戰場已經蔓延到太空、網路、電磁波空間，在這些領域取得優勢才能戰勝，當然，陸海空這個傳統領域也很重要，但我們必須確保該領

與井上建（左）會談，右起為中山泰秀、岸信夫、田村耕太郎等三人。

域若遭受網路戰的破壞，或是從太空中被設諸多陷阱的情況下，仍然可以靈活、而且跨領域的行動。

中山　在包括印度太平洋在內的FOIP（Free and Open Indo-Pacific Strategy，自由開放的印太戰略）構想下，我感覺從去年、前年以來，日本一直身處於該構想的中心，最前線便是外交、防禦的安全保障。大臣在七月二十日與英國的華萊士國防大臣進行會談，並確認「伊麗莎白女王號」航母的打擊群將停靠日本港口一事，我覺得時機恰到好處，在防禦外交方面，您的未來展望是什麼？

防衛大臣岸信夫。

岸　東海的釣魚臺和南海等問題還很多，雖然這些都是相關國家和地區的問題，但（現在）必須由國際社會來解決，十幾二十年前在歐洲，即使說明東亞的情況也會被認爲事不關己，現在回想起來能感到世界已經改變。原因之一是安倍前首相在肯亞召開的非洲開發國際會議（TICAD）上傳遞的想法，自由而開放的海洋秩序將面臨挑戰。這不僅僅是區域問題，而是全球的共同問題，歐洲各國也在印度太平洋展現自身的存在感，國際社會對「自由開放的印太戰略」深表認同，我認為這會關係到地區的和平及穩定。

適用於少子高齡化社會的防禦

中山　我國最擔心的就是少子高齡化社會的問題。日本比起其他已發展國家更快邁向高齡化社會，我認為高齡化社會、人口減少對安全保障會產生影響，這也是我們努力招募新兵的原因之一。隨著未來人口不斷減少，大臣對於日本的安全保障有什麼看

中山副防衛大臣。

法，對未來又有怎樣的願景呢？

岸　自衛隊組織是靠年輕的力量支持，正如你所指出的，在人口減少、少子化的情況下要如何確保呢？若成爲以經濟爲重的社會，年輕人往往也會看重經濟，從某種意義上說，那些因物理狀況無法直接站到前線的人們應該要有後援，和如何在新領域（網路等）確保優勢的問題一樣，（爲了應付少子高齡化）現在開始應該善用ＡＩ（人工智能），將來也需要無人武器。

中山　目前正在努力延長（自衛隊的）退休年齡和活用ＯＢ（退休人員），但是，只靠（防衛省）無法做任何事，畢竟日美同盟才是一切的主軸。

話說，大臣過去曾有一段時期進入一般公司工作，以平民身分長期居住在美國，當時的經歷對日美現在的關係有什麼幫助嗎？

岸　任職於民間企業時，在奧勒岡州的波特蘭待了五年左右，那裡有很多日裔人士。戰爭期間，附近就有日裔的收容所，很多人的故鄉是日本，包括商業機制在內，與日本有所來往的人很多，可以說整個西海岸對日美關係非常了解，是氛圍舒適的地方。

隨著中國逐漸擴大，軍事力量也不斷擴張，逐漸破壞平衡。就人口而言，日本這個人口遞減的社會，想要維持穩固的防禦能力，除了要提高自身的防禦力，同時爲了發揮日美的遏止力，日美合作必須比以往更緊密，進一步就是要如何促進國際間的合作。

新冠肺炎的對策

中山 大臣去年上任後，我也作爲副大臣輔佐您，並奉命擔任自衛隊大型疫苗接種中心的本部長，以應對新冠肺炎疫情，在全國國民的配合下進行得很順利，營運期間從當初預定的八月，延長到了九月。在與從中國武漢迅速席捲全球，並奪走許多生命的新冠肺炎病毒的戰役中，讓我有機會重新思考經濟安全保障、供應鏈風險等各種問題。請大臣告訴我，您在這場大瘟疫中留意到什麼。

岸 去年一月，我正好在北京待了兩天，當時，武漢雖然正在爆發新冠肺炎疫情，但僅限於該地，並沒有想到疫情會擴散成這樣，後來，病毒被帶到日本，在國內立刻擴散，這完全是一場大規模的災害，自衛隊也陷入了不得不想辦法應對的情況，面對大疫，我深切地意識到每個國家都必須做好防疫才行。

中山 雖然地方分權不斷推進，但對於控制疫情來說，將情報集中於中央也很重要。

岸 沒錯。另外，單靠日本無法應付，國際社會必須攜手合作，共享情報也很重要，早期有些國家不願意共享情報，導致國際社會的應對政策做得太慢。

中山 甚至於有的國家在疫情期間擴充軍力，磨刀以待。

岸 當人們受苦時，就會出現各種投機取巧的舉動，東日本大地震時亦是如此，我認爲，這就是在那種時候是否還能堅守正道的一種考驗。

中山 能不能請您直言，當您任命我爲自衛隊大型疫苗接種中心本部長時的想法。

岸 自衛隊的立場是全力支持及推動疫苗接種，這是最關鍵的，因爲是自衛隊首次執行疫苗任務，所以我想交給年輕人來做，這是在瞬息萬變的形勢下必須臨機應變的艱鉅任務，所以我希望由副大臣負責。

過度集中於東京

中山 防衛省的內閣成員除了大臣，我和政務官都是大阪出身，大臣雖然出生於山口縣，但同樣屬於西日本。我想請您以政治家的角度談談有關東京一極集中（意指過度集中於東京）的現象，是否有像「日本列島改造論」似的岸信夫型的夢想呢？

岸 我故鄉的山口縣比大阪，甚至比廣島更往西，但是東京人可能會因爲方向相同而制定一天內遊廣島、山口的旅行計劃，其實兩地距離很遠，很難一日遊。我認爲（從東京來看）是如此遙遠，以至於無法體會這些事。本來就很狹窄的日本，如果（能量）過度集中於東京，力量就會受限，想發展國家整體力量的話，必須創造出地方力量易於發揮的環境。

這次受新冠肺炎疫情影響，出現了回歸地方的現象，如果能遠距辦公，即使在地方也能營造出（和東京一樣的）環境，如果要說有什麼不同的話，那就是信息（基礎設施）過少，例如我的故鄉（山口縣田布施町）沒有使用光纖的有線電視，像這樣的事必須好好改善才行。

中山 我從一九八六年起，在法國讀了三年高中，當時法國有個名爲Minitel的信息通訊服務，先從信息不便的地方開始營運，剛才聽了大臣的話，我很驚訝與日本的做法正好相反。

岸 或許沒有人的地方，商務行爲就做不成吧。

國防預算

中山 在大臣的選區裡，有自衛隊與美軍共同使用的岩國基地。雖然有想讓全體國民體會共有基地共存的自治體之感，但是實際要轉移基地時，就會出現反對運動，因此難以實現，能不能讓住在沒有基地的自治體的國民傾聽岩國住民的心聲。

岸　岩國基地在戰前就設有舊帝國海軍的航空基地，戰後被美國接收，女星瑪麗蓮·夢露和她的前夫，棒球選手喬·迪馬喬曾一起到訪，因爲歷史悠久而且是飛行員基地，他們的行動被嚴格控制，但也與當地人相處融洽。儘管如此，在美軍整編過程中，伴隨航空母艦載機遷移，以及沖繩普天間基地的KC130空中加油機的遷移，岩國基地成了遠東最大規模的航空基地，另一方面，因爲是自古以來就存在的基地，美軍深諳民情，平時也一直在努力溝通，在基地外進行義工活動，加深彼此的理解，關於這一點，防衛省居中爲了促進良好的日美關係，從預算上給予充分的支援，我認爲岩國擁有十分理想的環境。

中山　提到預算，爲了能夠反映到「經濟財政運營和改革的基本方針二〇二一」（骨太方針二〇二一），自民黨的國防部會·安全保障調查會提出增加國防費用等建議。北大西洋公約組織（NATO）要求各國將國防費用提高到國內生產總值（GDP）的2％以上，針對此事我們有一定程度的理解，國防相關預算在安倍執政時期比前一年增加了1.1％，但預算約五兆日元內，人事成本占比不到一半，如果要提高自衛隊的募集率，應該進一步充實福利待遇，您對於今後嚴苛的安全保障環境有什麼想法嗎？

岸 要考慮國防預算的話，必須在（每五年一次的）中期防衛力整備計劃（中期防）的框架內考慮每年預算。預算設有上限，無論安全保障的環境多麼艱難，也不能一味地增加國防預算，在這種情況下要如何堅守我國的防衛省？我認爲應該要持續傳達這些問題，即使是中期防，現在安全保障的世界與五年前設想的世界相去甚遠，瞬息萬變，必須經常思考它的有效性。

臺灣海峽和平與穩定的重要性

岸 我自己和臺灣也有很深的交情，生平第一次出國旅行的地點就是臺灣。那是（一九七二年）日中關係恢復正常化，與臺灣斷交的前夕。當時認爲去臺灣要趁現在，雖然不知道是什麼原因，但是臺灣人對我非常親切。

四月去了與那國島，距離臺灣的花蓮僅一百五十公里，臺灣就在眼前。或許很多人認爲臺灣的安全問題與日本無關，事實上，一旦考慮整個南西諸島，絕非事不關己，應該要密切關注才行。臺灣海峽的和平與穩定相當重要，這是理所當然的，但這段時間卻鮮少被提及，而且我認爲不僅是日本，與美國或其他國家有共識也很重要。

中山　巧合的是我第一次出國旅行也是去臺灣，我是在剛斷交時去的，而且我的理解與大臣所言絲毫不差，和大臣在臺灣的話題上有件令人難忘的事，那是大臣擔任會長的「促進日臺經濟文化交流的青年議員會議」，我曾是臺灣關係法委員長。

岸　名稱裡的「青年」在中途被去掉了（笑）。

中山　我還去聽了臺灣關係法的討論，不僅和海外人士交流，還學習了美國的臺灣關係法。

岸　臺灣關係法是中川昭一先生（已故）也提倡的。美國的臺灣關係法給人安全保障的印象非常強烈，但並不是說日本也有同樣的東西，而是意識到日臺關係並沒有明確定位，所以覺得國內法（的整頓）應該要好好做才行，因此去學習了。

對於臺灣海峽的和平與穩定，中國總是說這是在干涉內政，如果能表現出包括日本在內（的國際社會）都是這麼認爲的，那麼（中國）就很難以武力改變。

中山　印證大臣言論的即是（中國）在南海造島。當全球在爲再生能源與生態保育努力時，全球都在擔心並密切關注它正在破壞珊瑚礁海域並推動軍事化一事。

自衛隊的災害支援

岸　七月三日在靜岡縣熱海市發生土石流災情，自衛隊從當天開始就與警消合作，把居民的救援放在首位。最近，氣候變遷正導致重大災難，以前梅雨季過後也會下暴雨，但是規模完全不同，我深刻感受到氣候變遷的因素正在成為安全保障的風險。

中山　氣象預報對駕駛飛機的航空自衛隊來說非常重要，期待今後透過官民合作進一步發展資訊科技，例如，立體捕捉雲的動向來制定飛行計劃等。

這也關係到預算，所以也有人認為讓自衛隊投入救災，做一些不符合本職的工作這樣好嗎。我認為自然災害可以成為在安全保障戰中的跳板來改變戰略的契機。

倒是豬瘟和禽流感也出動自衛隊，如果被問及是否屬於本職工作，不知道該如何回應。

岸　這種情況太多了，去年僅在一段時期內就發生了與過去二十年相同數量的禽流感病例，我本來希望由商人來解決問題，由於必須迅速處理，所以因應都道府縣的要求出動，但我認為不能老是這樣做。

即使是像熱海一樣的土石流災害，自衛隊基本上是為了救人而展開行動，對於災民來說，被那樣的土石流侵襲，當搶救生命的時間結束，自衛隊撤離後，殘留下來的人會怎麼樣？這就是現實。我們必須要好好制定撤退計劃。

網路安全的應對措施

中山　我最關心的是網路安全，即使是網路領域，最終面對的還是人，不培育人才就無法提高安全性，需要靠官民跨領域的合作來提升網路安全軟體的技術。

這次的新冠肺炎病毒會入侵未接種疫苗的年輕人，引起宿主感染，可以說，電腦病毒也具有相同特性。在疫情方面，日本自主研發疫苗和治療藥物非常重要，網路安全亦是如此。我認爲，爲了日本的復興，應該要讓前人的技術「日本製造的神話」再生，能培養技術、考量組織架構的人非常重要。安倍前首相曾提倡「俯瞰地球儀外交」，網路空間也同樣需要「俯瞰地球儀的外交、地緣政治」，大臣如何展望未來十五年、二十五年呢？

岸　在東京奧運期間，必須考慮到東奧被當成目標遭受網路攻擊的風險，應該比以往更加強網路安全措施，奧運之後的事也必須考慮進去，網路犯罪是沒有國境的，爲了我國的生存與發展，必須建立一個能讓人安心生活的社會。

後記

採訪中山泰秀時，我想起了當新聞記者時的某件事。

那是在一九九三年，前首相安倍晉三因父親晉太郎突然去世而繼承其選區勢力，首次參選時的採訪。當時我在產經新聞大阪總社社會部的機動部隊，是個沒有特定路線，必須臨機應變的部門。在主編的命令下，我前往備受關注的山口一區（中選區）進行採訪。當時新黨氣勢正旺，自民黨面臨逆境。我向安倍陣營申請了採訪，但是收到冷淡的回應說「在選舉活動中抽不出時間。」只給了我邊追著安倍本人乘坐的選舉車跑，邊進行訪問的五分鐘。在短時間內著急的單刀直入地提出了「您對於被批評爲政二代這件事有什麼看法」的問題。安倍對半吊子的我提出的失禮問題答覆道，「關於政二代你是怎麼想的呢」「多做點功課比較好吧」。不難想像安倍已經厭倦了刻板印象的政N代問題。

政N代是什麼?只要有地盤、知名度、選舉資金(原文直譯為地盤、看板、手提包),就很容易當選。另一方面,像「○○的孩子們」一樣,因為當時的議題(問題)吹起一股新「風」,沒有地盤、知名度、選舉資金的新人也有可能大量當選。

應該聽過一句話,「為下一代著想的是政治家,只為自己的下一次選舉著想的是政客」。雖然不能一概而論,但如同「帝王學」一般,伴隨議員的父親參加國際政治舞臺,或從年輕時期拓展國內外人脈的「政N代」議員的存在,對國民來說並不是件壞事。只要是把日本的國事放在第一位思考並採取行動的政治家,是否是透過世襲成為議員一點都不重要。也有一部分是公務員出身的政治家,如果把在各自環境中獲得的「財產」運用於政策上,對日本來說也會是財產吧。

安倍在對談中表示「身為二代議員,活用了自己的優勢,雖然沒有直接影響到選票,但有助於我著重解決外交安全保障問題」。中山也是同樣致力於外交防禦領域,成為在國外受到高度評價的政治家之一。

我對中山進行了超過半年的採訪,從事新聞記者工作約三十年裡見過很多政治家,各種類型的政治家都有,態度表裡不一的人,對秘書頤指氣使,也有藐視他人的人,但是我從來沒見過中山這樣做。中山在日本人綁架事件後擔任當地對策本部長的緊張時期，因爲更新臉書一事被國會質詢，事實上，那是日本辦公室的秘書爲了讓支持者放心，頻繁地在臉書上傳有關中山的新聞，卻沒有標示「辦公室更新」，因此造成誤會，該秘書雖然已經做好了挨罵的準備，但是中山只是提醒他「以後小心點」，即使受到批評，他也不會狡辯說「那是秘書做的」。

高中在法國留學的中山暑假回國時，擔任其家庭教師的早稻田大學理工學術院的朝日透教授回憶當時情景說：「（中山）雖然還是高中生卻毫無畏懼，總是滿腔熱忱地談論政治，有時也會變成辯論，他眞的非常尊敬父親（正暉），或許從那時起就立志成爲一名政治家了吧。」當時目標成爲研究者，對政治經濟不感興趣的朝日，後來與回到議員宿舍的正暉交談時，對歷史和典故瞭如指掌的博學的正暉感嘆不已，同時也對政治家的形象耳目一新，這也成了他把目標轉向政治的契機。他回憶說，在邀請正暉到大學時，他對學生說的「不要背叛別人，活到老學到老」令人印象深刻。朝日說：「與其說是政治家，不如說是教育家，泰秀和正暉的政治信念之所以相同，或許是因爲看著父親的背影長大的。」

正暉是一九七三年成立的自民黨內政策集團「青嵐會」的主要成員之一。中川一郎（已故）、石原愼太郎（已故）等數十人聚集在一起提出「修憲、自主防衛」等主張，並在石原的提議下，於成立時蓋下血印一事也廣爲人知。青嵐會本應對中國採取徹底的強硬路線，但在眾議院外務委員會上表決日中和平友好條約時，石原等大多數人表示贊成，自民黨中反對的只有中山正暉一人。泰秀也在以色列和實際控制巴勒斯坦自治區加薩走廊的伊斯蘭基本教義派哈馬斯發生軍事衝突時，在自己的推特上寫了「有權保護國民免受恐怖份子哈馬斯的攻擊」，這件事在國會引起軒然大波，成爲眾矢之的。中山在參議院外交防衛委員會上遲到，引起在野黨不滿，委員會被迫中止，爲了讓國會正常運作，泰秀撤回推文。我認爲如果沒有發生遲到事件，無論受到再多批評，泰秀也不會撤回發文的，因爲他繼承了父親對政治的生存之道。

關於臺灣與中國的關係，泰秀再次提出必須考慮政策對五十年後的政治外交狀況會帶來什麼影響。

據從大學時期就認識中山的早稻田大學客座教授兼HEADLINE社長一木廣治說，正暉曾說過「正因爲時代急劇變化，所以需要一個述說昭和、平成、令和三世代的說書人，對泰秀的身上，（作爲說書人）傾注了我的靈魂。」或許對政N代的批判不會消失，但中山泰秀正在努力做好「父子檔」政治家的角色。當然，要成爲議員必須先經過選民的審判。

我透過採訪中山，來解開他在採訪的第一天對我說的「政N代就是背負的十字架」的謎題，卻也意外地成了尋找安倍二十八年前給我的「世襲是什麼」的課題答案的任務。我相信我在這本書裡得到了解答。

隨著新冠肺炎疫情持續擴大，採訪也受到限制。本書承蒙前首相安倍晉三、防衛大臣岸信夫、政治學家羅伯特·艾爾德里奇、以色列大使館、希伯來語講師青木偉作、伊斯蘭思想研究家飯山陽、學校法人山野學苑的理事長山野愛子JANE、米爾肯研究所的亞裔研究員田村耕太郎、一木廣治、朝日透、大阪大學大學院的星野俊也教授，以及以中山泰秀本人爲首，包括其父親正暉、中山辦公室的秘書鈴木奈津子、小川一彥、井上恭子等人，還有無數人的傾力協助得以完成，再次表示感謝。

二〇二一年八月吉日

参考文献

「オキナワ論　在沖縄海兵隊元幹部の告白」（ロバート・D・エルドリッヂ　新潮新書）
「超限戦　21世紀の『新しい戦争』」（喬良、王湘穂　共同通信社）
「エコノミック・ステイトクラフト　経済安全保障の戦い」（國分俊史　日本経済新聞出版）
「サイバー戦争論　ナショナルセキュリティの現在」（伊東寛　原書房）
「サイバー攻撃の実態と防衛」（21世紀政策研究所）
「暴露の世紀　国家を揺るがすサイバーテロリズム」（土屋大洋　角川新書）
「サイバーアンダーグラウンド　ネットの闇に巣喰う人々」（吉野次郎　日経BP）

「挑戰　小池百合子伝」（大下英治　河出書房新社）
「検証『イスラム国』　人質事件」（朝日新聞取材班　岩波書店）
「日本とユダヤ　その友好の歴史」（ベン・アミー・シロニー、河合一充　ミルトス）
「イスラエルを知るための62章」（立山良司編著　明石書店）
「自分を活かせ！　僕はどうやって自己実現したか」（南部請之　講談社）
「長崎の女たち」（長崎女性史研究会編　長崎文献社）
「先駆者たちの肖像　明日を拓いた女性たち」（財団法人東京女性財団編著　ドメス出版）
「福蔵どん　中山福蔵の生涯」（中山太郎　中山太郎後援会）
「笑顔という、たったひとつのルール」（山野愛子ジェーン　幻冬舎）
「美容　世界一周八十三日」（山野愛子　山野高等美容学校）
「血の政治　青嵐会という物語」（河内孝　新潮新書）

國家圖書館出版品預行編目（CIP）資料

政治家中山泰秀/杉浦美香著 ; 張茂森譯. -- 初版. -- 臺北市 :
前衛出版社, 2022.05
面 ; 15×21公分
ISBN 978-626-7076-26-2(平裝)

1. 中山泰秀 2. 傳記 3. 日本

783.18 111005179

政治家中山泰秀

作　　者　杉浦美香
譯　　者　張茂森
責任編輯　楊佩穎
美術設計　沈佳德
內頁排版　宸遠彩藝

出 版 者　前衛出版社
10468 台北市中山區農安街153號4F之3
Tel：02-25865708　Fax：02-25863758
郵撥帳號：05625551
購書・業務信箱：a4791@ms15.hinet.net
投稿・代理信箱：avanguardbook@gmail.com
官方網站：http://www.avanguard.com.tw
出版總監　林文欽
法律顧問　陽光百合律師事務所
總 經 銷　紅螞蟻圖書有限公司
114066台北市內湖區舊宗路二段121巷19號
Tel：02-27953656　Fax：02-27954100

出版日期　2022年5月初版一刷
定　　價　新台幣300元

ISBN：9786267076262（平裝）
9786267076323（PDF）
9786267076316（E-Pub）

* 請上『前衛出版社』臉書專頁按讚，獲得更多書籍、活動資訊
https://www.facebook.com/AVANGUARDTaiwan

SEIJIKA YASUHIDE NAKAYAMA
By Sugiura Mika

Copyright © 2022 by Sugiura Mika
First published in Japan by Seirindō
Chinese translation copyright © 2022 by Avanguad Publishing House
Chinese translation edition arranged through Tiunn BoSom
Printed in Taiwan.